别让坏脾气拖累了你

默 然◎著

北方文艺出版社

图书在版编目（CIP）数据

别让坏脾气拖累了你 / 默然著 . -- 哈尔滨 : 北方文艺出版社 , 2019.10

ISBN 978-7-5317-4575-4

Ⅰ . ①别… Ⅱ . ①默… Ⅲ . ①情绪 - 自我控制 - 通俗读物 Ⅳ . ① B842.6-49

中国版本图书馆 CIP 数据核字（2019）第 126768 号

别让坏脾气拖累了你

Bie'rang Huaipiqi Tuoleile Ni

作　者 / 默　然

责任编辑 / 路　嵩　　封面设计 / 米　乐

出版发行 / 北方文艺出版社　　邮　编 / 150080

发行电话 /（0451）85951921 85951915　　经　销 / 新华书店

地　址 / 哈尔滨市南岗区林兴街 3 号　　网　址 / www.bfwy.com

印　刷 / 三河市人民印务有限公司　　开　本 / 880mm × 1230mm　1/ 32

字　数 / 194 千　　印　张 / 9

版　次 / 2019 年 10 月第 1 版　　印　次 / 2019 年 10 月第 1 次印刷

书　号 / ISBN 978-7-5317-4575-4　　定　价 / 42.00 元

目录 CONTENTS

第一章

永远别让你的脾气大于你的本事

1. 发脾气，是对自己无能的愤怒

王小波说过："人的一切痛苦，本质上都是对自己无能的愤怒。"上海滩的风云人物杜月笙也曾说过相同含义的话："头等人，有本事，没脾气；二等人，有本事，有脾气；末等人，没本事，大脾气。"这两位名人都向我们说出了一个道理：脾气越大的人越没本事，本事越大的人越没脾气。

在职场里，那些喜欢对下属百般苛责和各种为难，把自己的压力化作怒火撒在下属身上的人，往往是一些郁郁不得志、长久停留在某一岗位没有得到晋升的领导。在生活中，越是无能的男人越喜欢对妻子孩子大吼大叫、拳打脚踢，试图通过这种原始而又野蛮粗鲁的方式来维护自己脆弱的尊严和所谓的"家庭地位"。

在这个世界上，容易情绪化的人往往都是精神和能力层次较低的人，一件很小的事情就有可能让他们陷入愤怒中不能自拔。那些越是有智慧有能力的人，就越能明白处理人际关系和解决问题靠的是智慧，而不是发脾气和愤怒。

周末，到朋友家小坐，隔壁传来吵架的声音，还有摔东西的声音。

原来隔壁的这位男主人原先在一家公司上班，不知什么原因被辞退了，从那以后就整天待在家，不去找工作也不管家里的事，每天就是打游戏，游戏打累了就拿老婆孩子撒气。平日里他跟小区里的邻居也处得不是很好，就像身上带刺似的，跟谁都发脾气，从门口的老大爷，到楼上楼下左邻右舍，几乎全被他得罪了个遍。

生活中这样的人处处都是，那些没什么本事的人，每当与别人发生摩擦，总会把一切原因都扔给对方，习惯性地把自己当成那个被侵犯的人。然后用愤怒去“捍卫”自己的尊严。

每个人都有自己的脾气，在与人打交道事与愿违时、当烦躁郁闷时、当希望落空或被人误解指责时，我们难免会心态失衡，会冲着身边的人大发脾气，但当我们静下心来想想：为什么一定要发脾气？发脾气有用吗？

发脾气实际上是用暴躁的语言告诉对方：我生气了，你必须听我的！因为自己的无能和自卑，没有办法让对方听从自己，为了不让自己表现得懦弱，于是就会用发脾气，用愤怒和唇枪舌剑吓住对方来达到自己的目的。

当我们知道了发脾气的实质是面对问题无力、无奈和无能时，就可以理解自己和对方的内心了。这时候就能够开始着手去管理自己的情绪，去思考真正解决问题的办法了。慢慢地控制好自己的情绪，虚心接受别人的建议，用智慧和柔和的语言来代替脾气，变得更有格局更加厉害，从而离成功更近。

林涛现在是一家公司的老总，人很好，待人也十分和善。一次，他的朋友应邀前来参观他的公司，就在聊天的时候林涛接到一个电话，朋友从他的表情可以看出应该是发生什么不好的事情了。很快，他的一个员工走了进来，林涛告诉这位员工，因为他的失误把型号弄错了，导致一笔十几万的订单就这样没了。员工当然也意识到了自己的失误给公司造成了严重的后果，他害怕被炒鱿鱼，不知所措地哭了起来。

这时的林涛并不像其他老总一样大发雷霆、大吼大骂，而是承认自己对这次失误也有责任，接着又理智地叮嘱员工仔细处理好后续工作，最后林涛对这位员工的处罚也只是扣除这个月的奖金。面对朋友的愕然，林涛解释道："以前能力不够的时候，面对突发情况自己也会大发雷霆，把员工痛骂一顿然后炒掉。这样做解决不了任何问题，后来能力越来越大也逐渐想明白了，既然事情已经发生了，就应该理智地去解决，发脾气只会显得自己更加无能而已。"

一个人的脾气是本事的外在表现，就像林涛在能力不够的时候就会愤怒发脾气，越厉害反而越默默努力。发脾气不能解决任何问题，只会徒增烦恼，只会伤害身边的人，可是有的人永远改不掉这个毛病。

爱发脾气的人，总想着过上自己想要的生活，但内心境界和自身能力又不够，一旦遭遇重重的打击，便感觉整个世界都在跟他作对，却从未想过自己的问题，只是随意宣泄着无用的情感和负能量，宣泄完后自我身心是舒爽了，却没有任何改变，能力一点也没有提高，得到的是越来越差的评价。

所以，如果你有发脾气的时间，不如一个人冲着天空大吼一声，然后平复心情继续回来默默做自己的工作。你需要的永远不是内心情感的宣泄，而是自身实力的提升。只会嗡嗡乱叫的无头苍蝇和默默蹲守猎物的豹子，你愿意做哪一类呢？

2. 暴躁只能加速你的出局

很多人一遇突发事件和烦心事，或是别人做事没达到自己的要求，就会控制不住自己暴躁的脾气，不仅影响大脑思考，还不能当机立断地做出正确的决定。这样的人常常前一秒钟还在欢笑，下一秒就能因为一个微小的动作，一句不值得放在心上的话而大发雷霆，破坏场面和气氛，给别人留下“深刻”的印象，实际上这会不利于一个人对局势的掌控。

曼青在一家教育机构做文员，她与教育顾问翠梅是工作搭档。翠梅比她早几年出来工作，经验要丰富得多，懂得为人处世的技巧，平时就负责跟客户的沟通，而曼青则是做一些资料的收发和归档。有时候翠梅还会像领导一样批评曼青，比如曼青的资料准备得慢了，就会被批评，还时不时地会塞给她另一份资料，要求加快速度整理。渐渐地，曼青就有些不开心了，因为她总觉得翠梅好像在以前辈的姿态跟自己说话，而非她自我定位的搭档关系。

有一次，翠梅随意说了曼青一句，曼青本来心情还好好的，但当时噌的一下情绪就上来了，暴躁地把手里的键盘往地上一摔，对翠梅喊道：“别真以为自己是领导，我也不是好欺负的，谁愿意每天受你气，今天我就不干了，谁爱干，拿走，不谢！”曼青不听其他同事的劝导因为一点小事果断辞了职，又踏上了找工作的路。

佛家有一段著名的对话，寒山曰："世人谤我、欺我、辱我、笑我、轻我、贱我、恶我、骗我，如何处置乎？"拾得云："只是忍他、让他、由他、避他、耐他、敬他、不要理他，再待几年你且看他。"

暴躁急躁其实说到底就是一种对当下事实的无能和无奈，生活中很多不必要的冲突和矛盾都是源于一时的暴躁。平复下来后，却对暴躁给自己带来不好的后果后悔不已。

苏轼在《留侯论》讲道："古之所谓豪杰之士者，必有过人之节。人情有所不能忍者，匹夫见辱，拔剑而起，挺身而斗，此不足为勇也。天下有大勇者，卒然临之而不惊，无故加之而不怒。此其所挟持者甚大，而其志甚远也。"

被同事欺负一下、被路人踩了一下等等，这些事情都是生活中常见的事，在这些事上暴躁，只能说明自己的心智还不够成熟。

富兰克林说得好，愤怒是"起于愚昧，终于悔恨"，要懂得用忍耐来抑制住暴躁的脾气。王安石也说："忍一时之气，免百日之忧，一切心绪烦恼，皆从不忍生。莫之大祸，起于斯须之不忍。"暴躁的反面就是忍耐，孔子说"小不忍则乱大谋"，可见比起暴躁，忍耐更能让我们在局中制胜。

楚汉相争中，刘邦由于势力较弱，经常吃败仗。汉四年，刘邦兵败，被项羽围困在荥阳。他的大将韩信自领一军，北上作战，捷报频传，连下魏、代、赵、燕诸王国，最后又占领了齐国全境。

韩信派使者来见刘邦，韩信说："齐人狡诈反复，齐国又与强楚为邻，如果不设王威慑，不足以镇抚齐地，请大王允许我暂代齐王。”刘邦听后勃然大怒，暴躁的脾气让他破口大骂：“我坐困荥阳，日夜盼望你韩信带兵来增援，你不但不来，反要自立为王！我……”这时候，张良示意了一下，靠近刘邦说道：“大王，韩信手握重兵，右投则大王胜，左投则项羽胜。我们对他的要求要慎重考虑。现在我们正当危急时刻，弄翻了关系，他自立为王，我们也毫无办法。逼急了他，他一旦与项羽联手，大王的大事危矣！不如趁势正式立他为王，调动他的军队击楚。如果不迅速决断，迟则生变！”

为了让楚汉对峙的局面向有利于自己的方向转变，刘邦把自己暴躁的情绪忍耐了下来，当即下令派张良为使节，带着印绶到齐地去，立韩信为齐王，并征调韩信的军队。局势很快发生重大转折：汉军由劣势向优势转变，逐渐对楚形成了包围之势。后来刘邦终于在垓下全歼楚军，赢得了战争的最后胜利。

忍一时风平浪静，退一步海阔天空。刘邦克制住了自己暴躁的脾气，正是这种“忍耐”成就了他，为他打开了美好的局面。每一个有智慧的人都知道：在为人处世上，暴躁能避则避之，因为一个人被情绪所掌控后，极易冲昏头脑做出一系列冲动举动。

3. 唯我独尊，让人避之不及

你在人际交往中遇到过唯我独尊的人吗？他们总是自以为是，把自己当成世界的中心，随意对别人品头论足。还喜欢把自己的想法强加给别人，完全不会顾及对方的感受，甚至还会勒令别人按照自己的规则去行事。

人与人是平等的，谁都不愿自己低人一等，那些唯我独尊的人却偏偏要去压过别人一头，这就不能责怪别人总是排斥他们了。

李韬自幼聪慧过人，被街坊邻居称为“神童”，上了学后李韬的聪明让他一直有“天才”的称号。他从某知名大学毕业，又顺利被某大型企业签下。凭着自己的聪明才智，他很快就在岗位上做出了成绩，一路被提拔，最后做到了某部门的经理。

他成了企业里有史以来最年轻的部门经理，但好景不长，他因两次重大过错被辞退了。工作方面，李韬毫无疑问是优秀的，脑子清楚，业务能力突出。但也正因为他的优秀，他目空一切，既听不进同事的建议，也不接受领导的批评。

早在李韬犯下第一次错误之前就有下属提醒他有可能会造成巨大损失，但刚愎自用的李韬把下属的建议当作了耳旁风，还出言讽刺道：“你才来几天就胡乱猜测，我的决定从来没出过错！”

后来这位下属越级向更高层的领导作了汇报，公司及时作出调整才避免了重大损失。事情过后公司高层找李韬谈话，劝说李韬要听取同事们的建议，李韬却说：“一个刚来的菜鸟能有多大能耐，瞎猫撞见死耗子罢了，我还要问问他，谁给他的权利越级上报呢！”

高层对李韬的态度很不满意，念在他年轻气盛，又没有造成实际的损失，这件事就这样过去了。但没过多久，李韬又一次决策失误，这次没人再提醒他，李韬的失误给公司造成了实实在在的损失。

同一位高层领导找到李韬，希望他能谦卑地认个错，哪知李韬竟然怪罪下属执行不力，发现问题不知道及时汇报纠正。领导大怒："你的问题呢？你就没一点问题？"李韬却说："我知道我也有问题，但我曾经给公司带来那么多的效益，你就为这点损失跟我生气？我知道你是在为上次的事情耿耿于怀，故意跟我过不去！"

领导无法再容忍这样不仅从不吸取教训反倒自以为是的人在公司里任职，经过讨论，李韬终于被辞退了。

自信固然是一种难得的品质，但当自信过了度，成了刚愎自用便是一种人格缺陷。刚愎自用的人向来都是唯我独尊，这样的人容不下别人的优点，见不得别人好，所以在人际交往中很容易遭到排斥。

工作中的刚愎自用往往会导致重大失误的发生。一个人的能力毕竟有限，再杰出的人也不可能做到面面俱到，别人的提醒能很好地弥补一个人的疏漏，这就是古代圣明的皇帝都要广开言路的原因。

但那些唯我独尊的人往往把别人的提醒当成一种阻力，不仅不虚心接纳，反倒会用一种厌烦的心理去对待。久而久之，那些原本一片赤诚之心的劝诫都一去不回了，重大的失误往往就在这时发生。

这只能说明那些唯我独尊的人并非真正的强大，他们总是急着去证明自己，需要通过“独自完成”来表明自己高人一等。而真正杰出的人向来都是虚怀若谷的，他们之所以出类拔萃，很大程度上是因为他们有包容一切的胸襟。

允许别人比自己优秀是一种格局，更是强大人格无言的证明。

世界著名的交响乐指挥家小泽征尔有一次来北京演出，期间参观了一所音乐学院，校方为他的到来准备了表演，一位女学生为他演奏了他最爱的二胡演奏曲《二泉映月》。二胡凄美的声音在整个大堂回荡，听着听着，小泽征尔突然做出了一个震惊全场的举动，他从座位上慢慢站起，缓缓跪在了地上。

在场的人都被惊呆了，还在表演的那位女学生也不知所措地停止了演奏。但是小泽征尔却恳切地说：“请继续演奏吧，听这样伟大的音乐，只能跪着听。”一曲完毕后，他泪流满面地站起来，对女学生鞠了一躬，说：“谢谢你的演奏，要是早一点听到你用二胡演奏它，我是根本不敢指挥乐器再演奏它的。”

真正的大师总是让人如沐春风，所谓“大智若愚”，真正满腹经纶的人绝不会四处炫耀自己的才华，更不会因自己的学识而目空一切。他们能容纳不同的，也能接受更加优秀的，对于那些错误的，他们也不会咄咄逼人，把自己的观点强塞过去，反而是像春风化雨一般，或是言语柔和，或是身体力行，让人心悦诚服地发现错误，走向正途。

那些足够优秀的人总是拥有伟大的人格，他们自身出众的才华能让众人心生敬畏，而谦卑的处事风格又让与他有过交往的人感到舒适随和，他并不因为杰出而孤独，反倒因为“没有架子”而受到众人的追捧。

电影《一代宗师》中有一句台词说“功夫再高，高不过天；资质再厚，厚不过地”，唯我独尊，刚愎自用都是弱小的象征。做一个谦卑的人，做一个容得下别人的人，允许别人在自己的生命里绽放才能拥有五彩缤纷的人生。

4. 与其抱怨世界，不如改变自己

著名的文学家托尔斯泰说过：“世界上只有两种人：一种是观望者，一种是行动者。大多数人想改变这个世界，但没人想改变自己。”抱怨世界，毫无作用，改变自己，有的时候反倒能创造奇迹。

一个小男孩在父亲的葡萄酒厂看守橡木桶，每天早上他都会用抹布将木桶一个个擦拭干净，然后一排排整齐地摆放好。但令他生气的是：往往一夜过后，风就会把他排列整齐的木桶吹得东倒西歪。

小男孩并没有哭鼻子，也没有抱怨，而是坐在一边一直想啊想，终于想到了一个好办法。他从水龙头装来一桶一桶的清水，然后把清水倒进那些空空的橡木桶里，而后忐忑不安地回家了。第二天一大早，小男孩就匆匆爬了起来，他跑到放桶的地方一看，那些木桶仍然排列得整整齐齐，没有一个被风吹倒或吹歪。

我们改变不了风，但是我们可以通过改变自己，给木桶不断加重，这样我们就能够解决一切问题了。与其抱怨世界，不如改变自己。如果不能看到自己的缺点和不足，只是一味地埋怨环境，把改变境遇的希望寄托在改变环境上，只不过是守株待兔罢了。

在威斯敏斯特教堂地下室里，英国圣公会主教的墓碑上写着这样一段话：当我年轻自由的时候，我的想象力没有任何局限，我梦想改变这个世界。当我渐渐成熟明智的时候，我发现这个世界是不可改变的，于是我将眼光放得短浅了一些，那就只改变我的国家吧！我的国家似乎也是我无法改变的。当我到了迟暮之年，抱着最后一丝的希望，我决定只改变我的家庭、我最亲近的人——但是，唉！他们根本不接受改变。现在我在临终之际，才突然意识到：如果起初我只改变自己，接着我就可以依次改变我的家人。然后，在他们的激发和鼓励下，我也许能改变我的国家。再接下来，谁又知道呢，也许我连整个世界都可以改变。

年少轻狂的时候，遇到阻碍，我们总会想着去改变一些东西。年龄渐长，我们发现有的东西无论你怎样去努力，它终究还会以原来的样子保持下去。在这种“无能为力”的状态里，久而久之，人也就渐渐学会了适应这个世界。

但适应未必就是最好的选择，那些看似坚不可摧的东西并非完全不会改变，只是它们的改变不是一件立竿见影的事情。相信渺小的力量，无数个渺小汇集起来也会变成一股足以撼动天地的巨大能量。

想要把这股力量汇聚起来，靠的不是抱怨和胁迫，必须要有实际的行动。

美国某高校的一位优秀毕业生被推荐到中国某高校做外语讲师。中国的这所高校建在城市的郊区，邻近都是乡村，环境十分糟糕，垃圾随处乱倒，塑料袋四处横飞。

这位美国毕业生有晨跑的习惯，并且不喜欢在固定的跑道上跑，他更喜欢到街上，随心所欲，没有限制地跑。他到中国后正值初春，学校所在地区春天总是多风，每次晨跑他总能看到各种颜色、各种大小的塑料袋被风吹得四处乱飞，这让他心生厌恶。

后来每次出来晨跑他总会带着一个大大的袋子，路上遇到塑料袋就会一一收纳到袋子里。他的这种行为引起了附近村民的兴趣，纷纷对这位国际友人的做法表示不解，有的甚至说："这个老外有点傻！"

日久天长，村民们发现这个外国人只是在帮着处理垃圾。渐渐地，议论的人少了，嘲笑的人不见了，一些村民自发加入了捡垃圾的行列。看着一部分人为了环境在出力，另一部分人也坐不住了，不久这件事情又影响到了外国人执教的高校，有几个学生组织也加入了清理垃圾的行列。

后来，在这个外国人的影响下，保护环境成了当地的一种风尚，学校以及周边村庄的环境也发生了翻天覆地的变化，晨跑时不再有乱飞的塑料袋了，随意乱倒垃圾的现象也消失了。

《论语·子路篇》中说："其身正，不令而行；其身不正，虽令不从。"改变世界最好的方法不是抱怨和命令，是身体力行。行动是一种有感染力的行为，当一个人在为了让这个世界变好而行动时，见到这一切的人就会不知不觉受到感染而加入到这个行列中。

萧伯纳说："明智的人使自己适应世界，而不明智的人只会坚持要世界适应自己。"现实跟想象有差距，不会总是如人所愿，所以就此跟自己的抱怨说再见吧，抱怨只是宣布了你的无能。

不要再戴着那张可怜兮兮的抱怨面具扮演生活的受害者了。

踏出改变的第一步是弄清你想要改变什么以及改变的原因。抽点时间坐下来，把你想改变的原因写下来。记得尽量写得深入一些，因为它是你改变的基础。

5. 挨骂的高手必是成事的高手

中国有句老话"忠言逆耳"，不中听的话之所以让人不舒服往往因为它切中了要害，抓住了痛点，听者如果能抛开心里的逆反情绪，从中提取真正对自己有益的信息，深刻反思自己就能不断完善，最终成事，这也印证了中国另一句老话"兼听则明"。

挨骂，是对一个人心性的磨炼和考验，对于优秀的人来说更是如此。平日里耳边尽是一片赞美之声，难免有点飘飘然，这时如果他还能平心静气地接受别人的批评，任凭别人骂他个狗血淋头，那他一定是一个心性足够强大的人，这样的人才是成事之人。

有一次，林肯的军务部长爱德华·史丹顿骂林肯是“一个笨蛋”。史丹顿之所以生气是因为林肯干涉了史丹顿的业务，为了取悦一个很自私的政客，林肯签发了一项命令，调动了某些军队。史丹顿不仅拒绝执行林肯的命令，而且大骂林肯签发这种命令是笨蛋的行为。

大家都以为当林肯听到史丹顿说的话之后，一定会非常生气，但出人意料的是他很平静地回答说：“如果史丹顿说我是个笨蛋，那我一定就是个笨蛋，因为他几乎从来没有出过错。我得亲自过去看一看。”

林肯果然去见了史丹顿，他知道自己签发了错误的命令，于是收回了成命。

人在受到了批评之后都会感到不悦，继而很可能会在逆反心理的作用下导致情绪的不稳定。但林肯面对批评时不仅没有动怒，反倒能冷静地权衡利弊，这印证了他的伟大。对于一个有志者来说，有人骂是好事，骂出来的往往是自己不足的地方，这样就可以对症下药，完善自身，从而避免很多误区。

美国诗人惠特曼说：“难道你的一切只是从那些羡慕你、对你好、常站在你身边的人那里得来的吗？从那些反对你、指责你，或站在路上挡着你的人那里，你学来的岂不是更多？”

长年累月在职场上做事，挨骂是不可避免的。当上司破口大骂的时候，要理智地认识到，这是他们对自己的预期高于自己的表现，那么提升自己达到他的预期，岂不是就能达到他满意了吗？而他们指责出来的地方，可能是我们犯下重大错误的地方，这是潜伏在我们自身中的“顽疾”。

挨骂是工作中的重要一环，每次挨骂，先要反思自己，在领导愤怒的骂声中提取精华的成分，及时承认错误。事后及时地与领导进行交流，以便更加明确工作中存在的疏漏。即便是错误不在自己也不要总想着去反驳，毕竟职场只看结果，领导需要的就是你呈现到他面前的东西，不如把领导的批评当成一种自我的要求吧。

那些挨骂的高手常常是成事的高手，他们知道如果怕挨骂、怕受挫、怕被人讥笑和冷落，自己的追求和梦想路途就会更加颠簸难行。对于强者，所有的骂声和非议都是成就他的阶梯，都是他攀登高峰的助力。

有一个推销肥皂的人，他甚至常常请别人来批评他。当他刚开始为柯盖公司推销肥皂的时候，订单来得非常慢，他很担心会失去工作。他知道肥皂和价钱都没有什么问题，所以问题一定出在他自己的身上。每次生意没有做成的时候，他就在街上走来走去，想弄清楚问题到底出在哪里。是不是他说的话太含糊？是不是他的态度不够热诚？

有时候他会回到客户面前说：“我之所以回来，不是想再向你推销肥皂。我回来是希望能得到你的忠告和批评，可不可以麻烦你告诉我，几分钟以前我向你推销肥皂的时候有什么地方做得不对？你的经验比我多，也比我成功，请你给我批评，请你很坦诚地、不加掩饰地告诉我。”

这种态度使他赢得了很多朋友和无价的忠告。

经过一系列的挫折之后，后来他成为CPP肥皂公司的董事长——这是全世界最大的肥皂公司，他的名字叫E·H·李特。

E·H·李特不但不追逐赞美，反而迫切地想听到别人的批评，把别人的批评当作自己成长的阶梯，这让他认识到了自己工作中的不足，并加以改正，取得了让人羡慕的成绩也是意料之中的事情。

当然，每个人都有自尊心，内心最期待的还是他人的赞美和认同。但没有人是完美无缺的，总会遇到别人反馈的建议、批评，甚至会责骂。挨骂的滋味不好受，但必要的时候，需要顺从对方的口吻以缓解僵局，但不要丧失自己的原则。

在受到批评责骂时，控制好自己的情绪。承认自己错误的同时，接受批评和意见。要知道人不可能让所有人满意，无论你做得多好，总会有人不满。换个角度来看，挨骂是因为我们做的事情受到了别人的关注，产生了一定的影响，事实上，这已经是一种成功。

正视挨骂，面对别人面红耳赤地责骂，能做到心平气和的人不是懦弱，反倒是强大。用平常心去挨骂，冷静聆听。哪怕是最微小的一个批评、纠正或指责，即便对方说得有些偏颇，我们也可以用更冷静的方式去应对。任何时候，抓狂的反应对事情的解决毫无帮助。“恼羞成怒”反而暴露一个人的弱小，要知道，能扛住骂声的人往往也是有耐心去成事的人。

6. 对手让你生气，那说明你还没有胜他的把握

竞争类的比赛中，总会有这样一种有趣的现象，势均力敌的双方经常会发生口角，甚至大打出手，而实力悬殊的双方却能和谐地完成比赛。

发生争端是因为双方处在同一水平线上，谁都无法确保能够战胜对方。当一方足够强大时，这样的平衡就被打破了，竞争之前就已经分出了胜负，所以，当对手让你动怒时，往往也说明你还不够强大。

2017 年的国际泳联游泳世锦赛在匈牙利布达佩斯举行，在男子 400 米自由泳决赛中中国游泳名将孙杨击败了澳大利亚选手霍顿，获得了金牌。

赛前，霍顿在接受媒体采访时曾恶意辱骂孙杨，“他是不是我的对手我不知道，我并不认为这是公平的竞争，这是一个杰出的精英运动员和一个药检呈阳性的运动员之间的比赛。我的比赛应该有更好的竞争对手，我希望在比赛结束后，可以站在领奖台的高处俯视他。”

但孙杨却对此不予置评，结果整整领先霍顿两秒之多。孙杨凭借强大实力建立起的巨大优势给予霍顿以猛烈的还击。

在 2016 年的里约奥运会上霍顿就用过同样的伎俩。当时孙杨在世界 400 米自由泳的比赛中一直都是统治者，他以卫冕冠军的身份出战里约奥运会，却以 0. 13 秒的微弱劣势爆冷，输给

了澳大利亚泳坛新秀霍顿。

这场比赛之前霍顿就大肆宣传孙杨是“服用禁药的骗子”，在赛场上他还屡次向孙杨挑衅，他向所有选手问好，唯独避开孙杨。孙杨的情绪受到了干扰，遗憾错失了拿下首金的机会。赛后霍顿曾明确表示这是一个阴谋，为的就是扰乱孙杨的心智。

竞争中激怒对手是一件很常见的事情，这是一种心理干扰，目的就是扰乱对手心智，从而建立起心理上的优势，这样的优势在针锋相对的竞争中往往能起到决定性的作用。竞争中的心理干扰恰巧说明了双方实力的相当，对方是因为没有十足把握取得胜利才会用这样的伎俩来建立微弱的优势。

如果这时动怒，说不定马上就中了对方的圈套。

曾经的美国上流社会非常看重门第，但第16届美国总统林肯却出身于一个鞋匠家庭。当林肯为竞选总统发表演说时，一名参议员对他进行了一番羞辱。那位参议员趾高气扬地说道：“林肯先生，在你开始演讲之前，我希望你不要忘了你是一个鞋匠的儿子。”

此言一出，演讲台下的听众顿时一片哗然，众人热辣辣的好奇目光通通投向了林肯。林肯并没有因此感到难为情和愤怒，他不卑不亢地回答：“非常感谢您在这个时候让我想起我的父亲，他已经过世了很多年，但我一直怀念并尊重他，他是一名出色的鞋匠，我想我做总统无法像我父亲做鞋匠那么出色。”

一番话让原本喧闹的气氛安静下来，林肯转头对那个傲慢的参议员说：“我记得我的父亲以前也曾为您的家人做过鞋子，如果您的鞋子不合脚，我愿意帮您修好它。当然，我做鞋子的技术远没有我父亲的好，他真的是一名伟大的鞋匠，他的手艺是无人能及的。”说到这里，林肯眼角湿润了起来，听众们也无不为之动容，就连刚刚讥讽他的人也受到感动同大家一起鼓起了掌。

在竞争当中，竞争的双方本就处在一种敌对的状态，剑拔弩张，一触即发。这时敌方的任何不友善行为都可能激怒我们，这是人之常情。但是，面对敌方的挑衅，生气是最愚蠢的行为，贪图一时的口舌之利却在比赛中失去了优势，实在是得不偿失。

冷静地面对敌方的挑衅，告诉自己：“这不过是对方的阴谋而已。”然后见招拆招，理智地予以回击，这样能收一箭双雕之利，不仅能予以还击，还能在气势上压过对手，在竞争的时候预先建立起一定的优势。

当然，如果自身的实力足够强大，胜券在握的你是不会轻易被敌方激怒的，对方的一切挑衅在你看来都不过是小丑跳梁。

老话说“狭路相逢勇者胜”，一切竞争，实力总是获得胜利最可靠的保障。当双方势均力敌时，面对敌方的挑衅能做到不为所动的人是自信的，能做到理智回击的人是睿智的，唯独大动肝火，恶语相向的人不仅是愚蠢的，更是自卑的。这样的人注定会是失败的一方。

面对挑衅，最好的方法是用实力说话。要相信，当强大到完胜对方时将不会再有人来挑衅，更不会被那些滑稽的行为激怒。

7. 那些让你痛苦的，必将让你强大

尼采曾说过：“凡是不能杀死你的，最终都会让你更强大。”海明威也说：“生活总是让我们遍体鳞伤，但到后来，那些受伤的地方一定会变成我们最强壮的地方。”

作为亚洲第一位大满贯女子单打冠军得主、亚洲女单世界排名最高的中国女子网球运动员，李娜也曾有过一段痛苦的自我否定的经历。她在多哈打比赛的时候，遇到了一位世界排名前十的选手，然后彻底输掉了这场比赛。

她陷入了极度的自责与否定中，她一遍又一遍地痛骂着自己：“我根本不配打网球！我生来就是个失败者！为什么这一切会降临在我身上？我付出这么多、投入这么多是为了什么？做了三次手术，每天这么辛苦地做康复训练是为了什么？我看不到任何收获，我不知道自己该怎么办才好！”

即使阳光如李娜，还是会不可避免地陷入低落的情绪中，暴躁、易怒、焦虑、消极。但李娜没有让失败和让自我否定打败，而是又一次把自己从消极中拉回来，打败了这位世界排名前十的选手。

我们会发现，那些站在我们面前看起来强大而成功的人，他的背后也一定曾伴随着千万种伤害、痛苦、压力。

每个人在平静琐碎的日常生活之下，都会遭受痛苦的事情，关键是痛苦过后，不同的人有不同的选择。有的人慌张不安，

有的人焦虑不堪，有的人不停向外界倾诉苦难经历，只有少部分人在经历千疮百孔后练就了无坚可摧的盔甲。

面对苦难，让自己强大的最好方法不是一次次撕开自己的伤口，独自舔舐，而是应该把受过伤的地方磨成厚厚的茧。当伤口变成厚茧，就不会感觉那么痛苦了。这个过程如同学习弹吉他，开始练习压弦时，指头疼得要命。一段时间过后，指头日复一日的疼痛在结茧后就会消失不见，弹吉他就愈发上手，断续的音符终成曲调。

李梦琪硕士毕业于“985”重点院校，聪明能干、成绩优秀，除此之外，她还有亮眼的实习履历，这些让她对进入职场充满了自信，深信自己可以游刃有余，同时也对世界充满了美好的想象，然而无情现实很快迎面而来。

刚到单位报到时，领导把她指派给同事王倩，王倩因为嫉妒李梦琪的高学历高能力，总爱找她麻烦：让李梦琪一个小时完成四千字的采访特稿，实际上即使是资深高手也不可能做到；只要李梦琪拒绝某项任务，王倩就会向领导抱怨李梦琪的能力和她的学历不相符；周末加班完成一份第二天不会使用的文章；经常把李梦琪完成的稿子改得面目全非，精华部分被删掉，只留下几百字的内容；深夜凌晨临时通知她去采访一位名人，等李梦琪赶到时，又临时告知不需要再做采访，当时实习的工资只有一千，打车费用花去一百块后，她连生气都没有力气，累倒在车上直接回家……

李梦琪开始迷茫痛苦，出现了从来没有过的自我否定。但是她也知道想得到别人的认可，就要做出优于别人的成绩，开拓出自己的领域，而这需要付出别人数倍的努力，承受别人难以忍受的痛苦。

这时领导安排了一个难度超大的任务给李梦琪，她为此足足准备了一个月，除了睡觉，其余时间都在补课，把采访人物的信息翻了个底朝天，最后采访很顺利，她的稿件在所有专访中脱颖而出。

几年后，李梦琪成了行业里不可替代的那个人，而同事王倩还是一个普通员工，可有可无。李梦琪曾对朋友说：“那些痛苦和刁难反而加速了我的成长，我从没想过自己可以那样坚强，可以解决那么多预想不到的问题。事情总有解决的办法，如果没有做到，只是还没有找到那个对的方法。这是我为自己总结的人生之道。”

人生的道路漫长而艰难，总有层出不穷的苦难等着我们，苦难让人痛苦却也让人成长。正是苦难中的痛苦让人一步步地变坚强。也许你第一次摔倒时会大哭，第二次就不会了，第三次摔倒后你会爬起来继续向前，这便是一种成长，独自爬起来向前走的你无疑要比坐在地上哭的自己更为强大。

古龙说：“痛苦使人清醒，人活着就痛苦，那本是谁也无法避免的事，你若能记住这句话，你一定会活得更坚强些，更愉快些。因为你渐渐地就会发现，只有一个能在清醒中忍受痛苦的人，他的生命才有意义，他的人格才值得尊敬。”

人就像一块钢铁，锻造磨砺的过程固然痛苦，但要想成为一把宝剑却必然要经历这些过程。每个人都想成为一把宝剑，但世人大多是普通的钢铁，就是因为只有少数人能经得起千锤百炼的痛苦。

不断经历痛苦的过程也是不断蜕变的过程，从痛苦中一点点褪去平庸，从熙熙攘攘的人群中一步步走向卓越，过程艰难而缓慢，但结局却是耀眼的。

伟大都是痛苦造就的，痛苦不仅让人成长，还能激发人的潜能。人往往在遭受到痛苦时，才能充分爆发出体内储藏的能量，实现自我的突破，一举成就卓越的自己。

8. 别让坏脾气毁了你的人生

坏脾气并非脾气“坏了”，只是没能把自己的情绪管理好，在很多不应该发脾气的时候大发雷霆。人总是在经历不顺心的事，并非所有的不顺心都值得去发脾气。正如世界潜能激励大师安东尼·罗宾曾经说：“你愤怒、你愤恨，是因为你已习惯用这种方式发泄，你已学会了用它们来表达你的不满，来表明你的要求，希望达到你的目的。”

乱发脾气的人习惯了用愤怒来宣泄，当他把愤怒倾泻给别人时又怎会收获友好？

张森茂最近谈了一个女朋友，两个人在一次公司举办的聚会上相识，迅速就坠入了爱河，如今已经打算好谈婚论嫁了。但就在一个周末，张森茂跟女朋友一起去公园玩，两个人倚在栏杆上看着湖面，有一个小孩手里拿着冰淇淋从他们旁边走过，冰淇淋不小心碰到了张森茂女朋友的裙子上，张森茂当时就火了："小子，你能不能看着点？你家大人呢？到处乱走什么？"

小孩"哇"的一下就哭了，女朋友说道："哎呀，没事，你跟小孩子凶什么。"张森茂也就没多说什么。随后，两个人又到餐厅里吃饭，倒霉地遇见一个实习服务生，张森茂看到服务生动作生疏笨拙，就又生气了，非要他把经理找来，否则决不罢休。

结果这顿饭也没吃好，张森茂的女朋友说道："我觉得咱们两个之间的关系应该缓一缓，我们都冷静几天，看还有没有进一步发展的必要。"张森茂很纳闷："我对你这么好，你为什么这样说呢？今天一整天都不顺，你也来给我找麻烦！"

张森茂发的是"脾气"，毁的却是"人生大事"，一个人不能控制自己的脾气是没有涵养的表现。佛家也有言："一念嗔心起，百万障门开。"就是说人一发脾气，就会有各种各样的麻烦事接踵而来。有一句话叫做："量小者易怒。"那些总是随意发脾气的人气量往往也是狭隘的，因为他们控制不了内心的情绪，稍有波动就有暴躁的情绪溢出，很多时候我们不经意间发的脾气，可能一时痛快了，但是在别人的心里已经留下了气量狭隘的印象。

在一次庆功的宴会上，有一位年轻的士兵不小心将菜汤洒在一位将军的秃头上，众人目睹此景，不禁骇然，士兵吓得手足无措。想不到将军竟然幽默地对士兵说："年轻人，你以为用这种办法就能治好我的秃头吗？"这是一种非常好的化解尴尬的办法，如果该将军大发雷霆，狠批士兵一顿，也不能挽回已经发生的错误，并且还会造成更恶劣的影响。

坏脾气只能让人获得一时痛快，却会带来长久的痛苦。没有人会喜欢乱发脾气的人，也没有人应当容忍你的坏脾气。一个经常发脾气的人，会使人际关系很紧张，从而使自己得不到好人缘。

坏脾气往往是成功的大敌，一时的冲动可能会毁掉你的一生。心平气和是一种境界与气度，人生不能心浮气躁，学会控制自己的坏脾气，克制自己，远离愤怒与冲动。

晋朝南安郡人朱冲，自小品行卓绝，非常好学，喜好清静，为人宽厚、仁义。他家中贫困，以耕地种田为业。有一次，邻居家的牛没有了，邻居觉得朱冲的牛就是他家丢的那头，便把朱冲的牛牵回了家。后来，邻居在树林中找到了自己的牛，感到非常惭愧，于是把牛还给了朱冲，结果朱冲反而邀请对方到家里吃饭，欢庆他的牛失而复得。

还有一户人家，总是故意让牛去吃朱冲家的庄稼。朱冲每次都带上自己割的草，然后把牛牵着送回去，没有丝毫怨恨和生气。几次之后，牛主人非常惭愧，从此以后再也没有重复以前不好的行为。朱冲的气度深深地感染了乡邻，他们都主动找朱冲道歉，形成了一股非常好的风气。

能控制住自己的脾气，在遭受某些不公正的待遇之后仍能心胸宽广、心平气和，才是一个人高素质的体现。曾国藩在长沙岳麓书院读书时曾与某生同住一寝室。某生的脾气暴躁。他的书桌距窗口好几尺，曾国藩为了取光，将自己的书桌移动到窗前，某生见了大为恼火，说：“我的光线被你挡住了！”曾国藩赶紧和气地说："那么我的书桌该放在哪儿呢？"那个人指指床边，曾国藩乖乖地把书桌搬了过去。曾国藩的作为不是懦弱，而是具有大气度的表现，这也为他的人生奠定了重要的发展基础。

这个世界上不会所有东西都如你所愿，当现实与个人愿望相违背的时候，应该做几个深呼吸，心平气和地去接受或者积极改变，发脾气只能伤害身边的家人和朋友，所以要静下心来思考一下，自己是在为什么乱发脾气，弄清楚了缘由，才能够控制发脾气，防止某天酿成大祸。

第二章

大吼大叫，解决问题的毒药

1. 发脾气不能解决问题，反而会让局面更加糟糕

有人说：“遇事就发脾气，说明你解决问题的方法不够多。”发脾气是无能的表现，脾气发过后不仅问题得不到解决，反倒会让事情变得更加糟糕。坏的情绪带来的只有坏的结局。

发脾气的人是失去了理智的，在问题面前，最重要的恰恰就是理智。失去了理智只能对眼前的问题束手无策，有的时候甚至会在情绪失控的状态下做出过激行为。遇事发脾气是火上浇油，只会让事情雪上加霜。

1965 年的世界台球冠军争夺赛在美国的纽约举行。争夺冠军的双方分别是路易斯·福克斯和约翰·迪瑞，这场比赛的获胜方不仅能斩获世界冠军的头衔，还会有四万美元的奖金。

比赛中路易斯·福克斯一度远远领先他的对手，再拿几分他就能锁定胜局。就在这个时候，戏剧性的一幕发生了。正当路易斯·福克斯专注于比赛时，一只苍蝇飞落在了主球上。路易斯起初并没有过于在意，他只是随手在主球上空挥了挥手，把苍蝇赶走。

苍蝇飞起来转了一周后再一次降落在了主球上，原本做好准备击球的路易斯这时感到一丝烦躁，再次用手驱赶苍蝇。苍蝇几次三番被驱赶，又反复地往主球上降落。场边观众看到这

一幕爆发出一阵哄笑。

路易斯生气了，他认为自己被一只苍蝇羞辱了，他决定要把这只苍蝇杀死。当苍蝇再次降落到主球上时他不再用手驱赶，拿起他的球杆，企图用球杆把苍蝇打死在主球上。当球杆和球接触时苍蝇飞了，他却听到裁判宣布交换击球权。

就这样路易斯丧失了一次关键的击球权，原本一直处于劣势的约翰这时把握住了机会猛追分数，情绪失控的路易斯最终输了比赛。

就像落在主球上的那只苍蝇，很多时候我们面临的麻烦不过是一件蝇头小事，耐着心思很容易就能够解决。却总是因为一些其他的因素让原本微不足道的事情影响到我们的心情，心境乱了，不仅小事情没解决，反倒引起了更大的悲剧。

生活中这样的案例处处都是，丈夫会因为妻子做的饭菜不合口味而生气，最终会影响到夫妻之间的感情；员工会因为领导的批评而生气，最后会闹得一拍两散，员工丢失了工作，公司又不得不重新招聘员工；公交地铁上素不相识的两人会因为一点小的磕碰而动怒，最后可能会大打出手，最终被送到派出所。

其实这都是一些很容易就能解决的问题，却因为附加上了脾气而造成了更加严重的后果。发脾气只是逞了一时之快，却会带来长久的痛苦，遇事就大发脾气是没有长远之见的行为。回过头来想想，无论是夫妻不和还是自己工作上的失业又或者是被送到派出所都远比忍住当时的暴脾气要痛苦得多。

留心周边，你会发现那些遇事喜欢发脾气的人往往过得都很不如意。遇事沉着冷静的人往往是睿智的人，他们的生活总是顺风顺水。可能老天就是厚此薄彼，故意折磨脾气暴躁的人，让他多受了些许苦难。

在影视圈里，脾气最暴躁的不是导演，也不是那些大牌的明星，而是武术指导。这些武术指导出身武行，血气方刚，拍戏时又总是遇到没有武术功底的演员，反复指导不见成效就会破口大骂，这时任凭你有多大牌都只能听着。

但每个人都是有脾气的，更别说平日里头顶着光环的明星。被骂得没面子了他们就会消极地去对待这场戏，最终会降低整场电影的水平。

但袁和平却不是这样，每当遇到没有武术功底的演员，多次指导仍旧达不到想要的效果时，他会根据这个演员的自身特色重新设计一套动作，这样既照顾到了演员的自身条件，又保证了电影整体的艺术水平。

所以，袁和平在武术指导界的地位无人能够撼动，他不仅指导了《黄飞鸿之男儿当自强》《卧虎藏龙》《功夫》《一代宗师》等一系列优秀国产影片，还被邀请到好莱坞指导了颇负盛名的《黑客帝国》系列电影。《黑客帝国》中尼克一系列经典的动作镜头全都出自袁和平之手。

无论工作还是生活，永远都不要把发脾气当做武器，它解决不了问题。解决问题永远靠的是冷静的头脑和果敢的气魄，发脾气不仅能将人的这两大优点夺走，还会借着失控的情绪让原本就乱如麻的事情更加糟糕。

在你将要愤怒时，先问问自己："发脾气能解决问题吗?"

答案必然是否定的，然后告诉自己："既然不能，还发什么脾气？"这个过程看似愚蠢，却能让你在情绪即将失控时及时克制自己，让你原本升温的头脑恢复冷静，冷静下来才能找到解决问题的方法。

2. 你咆哮着批评，并不能让对方心服口服

有人说，高明的批评就像一块香皂，它不但能除去人们身上的污垢，还能给人留下清香。但生活中很多人却正在进行破坏性的批评，批评的时候总是对人不对事，简单粗暴地进行人身攻击：你怎么这么笨？这点小事都做不好？咆哮的批评只会让对方产生消极心态，不能心服口服。

不恰当的批评是对人的自尊心的一种伤害，而有技巧的批评除了让对方心服口服之外，还能够使双方意见得到进一步沟通，彼此之间的感情得到进一步交流，从而规范和塑造对方，形成团队文化，达到团队的预期成果。

曾经某厂有位青年工人陈小帆，一度受"拜金主义"思想的影响，不辞而别，想去其他地方赚大钱。陈小帆的父亲发现后，硬拉着儿子到厂里认错。陈小帆性格特别倔，见了厂长，他也是紧绷着脸，一副对着干的架势。

厂长看到这种情况并没有因陈小帆的不辞而别而对他咆哮批评，而是对他的父亲说："你家孩子在我厂里工作，真是吃苦头了，他有好技术，本可以在外面赚大钱，在厂里辛辛苦苦

地干，赚钱却不多，我很对不起他。他现在能放弃高工资重新回我厂里，我真是十分感谢，我只有加倍努力，带领大家创出好效益。”

厂长这番话大大出乎陈小帆的意料，他越听越不安，越听越难为情，最后羞愧而又坚定地对厂长说：“厂长，您放心吧，我一定好好干出个样子来。”

厂长这番高明的话，表面上是肯定陈小帆重新回到厂里的表现，实际上也就是否定了他不辞而别的行为，这就是一种肯定某种做法，实际上是对另一种与之相对立的思想、行为的有力否定和批评，这种方法就是“明褒暗贬”批评法。它既不会伤害对方的自尊心，又达到了让对方心服口服的预期目的。

商场这一段时间接到了不少顾客的投诉，都是在反映服务员杨桐君服务态度差。苏经理了解了情况后，叫来了杨桐君，跟他说：“我听说最近你家里发生了一连串事情，孩子身体不好，是吗？最近顾客反映你在礼貌待客方面做得不够，服务态度不好，也许你事情多，心里烦，就迁怒于顾客了。此事我们有责任，对你关心太少了，你有什么要求可以提出来，能满足的尽量满足。但工作时间必须热情主动、对客人有礼貌，我不希望再听到对你的不满意见。”杨桐君听完后，将经理指出的问题一一改过，果然没再接到顾客的投诉。

苏经理的这种批评方式，首先是她没有将自己置于问题之外一味批评下属，而是站在对方的角度上和杨桐君一起承担责任、解决问题，既能够很好地让杨桐君认识到自己的错误，也会让他更好地接受批评并改变。

作为一个领导，批评员工的目的就是做好事情和改正错误，所以切忌借批评发泄自己的情绪，对下属进行人身攻击，否则只会事与愿违。要摆事实，讲道理，使用对事不对人的批评语。

比如面对公司里几个经常迟到的员工，对人不对事的批评语就是这样：我们公司有几个出了名的老迟到的人，这几个人脸皮还真厚，公司已经强调不能迟到，可就是不听。这类人头脑中毫无组织纪律观念，带来了不好的风气……

而稍有些智慧的领导就会对事不对人：最近开会经常出现迟到现象，虽说人数不多，但迟到往往浪费大家时间，你等我，我等你，大好时光都被“等”浪费掉了。迟到也往往影响会场纪律，影响其他同事的情绪，希望大家能重视这个问题，改变迟到现象。

哪种方式更尊重下属更容易让人接受，一目了然。

在尊重的基础上让员工对领导的批评心服口服，其中就涉及了员工批评的“技巧”。何为“技巧”？老子曾说：“大巧若拙”。也就是说真正的“巧”不是那种违背自然规律、卖弄小聪明的“权谋”，而是在顺应自然的规律中，使自己的目的自然而然地得到实现。

批评员工要顺应的自然规律就是顺应人性中最基本的渴望：被尊重。要想顺应这种规律，实现有效的批评，最重要也是最简单的一个技巧就是用心，即作为领导的你要用心站在员工的立场，用心了解他认知事物的方式，用心选择说服他的方法。

学会推己及人，在批评别人前先把自己放到被批评的位置。这样，你一定会用心去想一个他最能接受的方式，而且还会设法告诉他你的意见是对他有利的。同样，这个方法适合一切批评，无论是身边谁犯了错都要告诉自己，彼此之间在人格上是平等的。

设身处地地为别人着想，充分地尊重他人，用温和的话语去以理服人。当你觉得你对员工的批评总是不能被他心服口服接受的时候，你不妨问自己一个问题：我批评员工的时候用心了吗？

3. 吵到声嘶力竭又怎样？ 还不是两败俱伤

无论是友情还是爱情，再亲密无间的两个人也会吵架。吵架本是不能避免的事情，如果双方不依不饶，吵到声嘶力竭，最后只会落得个两败俱伤的下场。

一对情侣，男生在辛苦工作一周后会选择窝在家里打打游戏，最好能有三五好友一起玩，饿了就一起在路边小摊点两个小菜，要几瓶啤酒。女生就不一样了，女生需要的更多是陪伴，看电视的时候你要陪着我，逛街的时候你要陪着我，只要有我的地方就少不了你。

这时候，男女双方就会发生摩擦。男生渴望休息和自由，女生渴望关怀和陪伴，彼此都因为一周的工作而身心疲劳，不能很好地体谅对方，更多的反而是诉苦。男生会抱怨女生不懂体谅，太过黏人，女生会埋怨男生不够温柔体贴。

抱怨和埋怨逐渐升温演变成了争吵，争吵一旦发生很容易导致场面失控。双方说出的话会越来越让对方难以接受，争吵中会夹杂着狠毒的人身攻击。涵养稍差的一方甚至会濒临崩溃，摔东西，或者一个人躲进屋子里痛哭不止。有的甚至会大打出手。最终酿成了一场难以收拾的灾祸，双方从此心里产生了芥蒂，感情不再纯粹，不能再像以往那样亲密无间，甚至最后一拍两散。

其实，吵架何必声嘶力竭，何必不留情面，能在一起的人本来应该是亲密的人，吵架时反倒给人以深仇大恨的错觉。双方都收敛一些，男生体谅一下女生的孤独，女生多关怀一下男生的劳累。

事情本来很好解决，两天的周末，大可一天男生陪着女生逛街看电影，另一天女生在家休息，男生约好友打游戏。双方妥协一下就可以换得两全其美的结局，却因为彼此过于不留情面，让小事成了大事。

很多感情都毁在一个不懂得退，另一个不知道让，彼此针锋相对，用尽全身的气力像面对敌人一般狠狠地攻击原本亲密的对方。没有人喜欢被攻击，猛烈的攻击换来的只能是更加猛烈的回击，这往往已经不再是就事论事了。这样，事情没有解决，反倒让双方产生了隔阂。

吵架也不全是坏事，亲密的关系需要依靠吵架来检验，吵架是在人情绪失控的情况下发生的，吵架中会褪去表面的伪装，这时候如果彼此双方仍然能够互相接受，亲密的关系才可以维持下去。反之吵架中暴露出的本性不能被对方接受时，最好的方式就是结束这段亲密关系。

合理的争吵还能促进亲密关系的升华。再亲密的两个人也是不同的个体，他们彼此在不同的环境中长大，拥有不同的人生经历，也形成了不同的价值观念，一起生活后难免会有冲突的地方，吵架是发现问题很好的契机。

吵架中，彼此双方不再有所保留，这样问题的实质就会暴露无遗。如果这时双方能控制自己的情绪，退一步，争吵将不再向坏的方面发展，双方会致力于问题的解决。久而久之彼此间存在的冲突就越来越少，双方更加契合，亲密关系也就得到了进一步的升华。

吵架不是为了伤害而是为了解决问题。合理的吵架需要讲究一定的原则，吵架的双方要明确地意识到，吵架不是目的，吵架是为了进一步地了解对方，是为了找到问题并顺利解决。

有的时候吵架也要注意场合，能在单独的空间里吵坚决不到公共场合吵，最好不要在亲朋好友面前吵。当然，合理的吵架是不能带有伤人的字眼的，带了伤人的字眼后就脱离了论事的范围，变成了冰冷的攻击。

有的人会因为尚不能确定的事情争吵，这是愚蠢的行为，过于敏感的内心会成为彼此之间的阻碍。吵架不能吵到一半就强制收场，这样只能为日后的相处埋下隐患，找出问题解决问题才是吵架最合理的方式。

不能当面的吵架往往最让人伤心也，更让人无奈，无论是电话，短信还是微信，依靠通讯设备吵架不仅能丢失很多关键的信息，并且让很多本可以依靠一个拥抱一个滑稽的动作就能解决的问题变得更加恶化。朋友曾透露过他维持七年异地恋的秘诀：千万不能异地吵架，吵了之后没法哄！看似浅显的回答，却值得人深思。

合理的吵架要懂得退一步，“见好就收”。双方本是彼此最为亲密的人，若只是因为一些小的摩擦而吵架，往往并非本着结束这段亲密关系的目的。当自己的不满得到了宣泄，吵得“差不多了”，就缓和一下，吵架的局面就能被控制住。

为了让吵架不至于影响彼此之间的感情，大可在吵架之前就约法三章，比如“不能提分手”“不能说脏话”“不能翻旧账”，这样，争吵将始终被控制在一个范围内，双方争吵的内容往往只是问题本身，争吵过后问题解决了，冷静下来后彼此会更加亲密。

声嘶力竭的吵架其实是最愚蠢的行为，这样的吵架不仅让人丢掉了一段苦心经营的亲密关系，还可能在人的心里留下阴影，影响到以后的生活。永远不要用最恶毒的话去对待你最亲的人。

4. 有理不在声高，声调高的人不一定有理

本杰明·富兰克说：“假如你有抬杠、反驳的爱好，也许你偶尔能获胜，但那是空洞的胜利，因为你永远都得不到对方的好感。”虽然说“理直”就“气壮”，但有理也要有礼，有理不在声高。有理再加上得体的语言语气，才会收到良好效果。

“理直”的人之所以“气壮”是因为他确定了在这场较量

中有“理”的，必然是获胜的一方。所以他趾高气扬，甚至咄咄逼人。但是我们在与人交往中，与其理直气壮不如理直气和。

在一个氛围良好的咖啡厅里，顾客们正在享受着美好的下午时光。忽然，靠窗位置的一个男人大声叫了起来：“小姐，小姐，你给我过来！来看看你们的牛奶，这根本就是过期的，都结块儿了，白糟蹋了我的一杯红茶！”服务小姐迅速走过来，一边微笑着赔不是，一边说道：“对不起先生，我马上给您换一杯新的。”

很快，跟前一杯一样配着新鲜的柠檬和牛奶的新红茶被端上来了。服务小姐再次微笑着对那个男人说：“先生，我是不是可以建议您，如果放了柠檬，就不要再加牛奶呢？因为柠檬酸会造成牛奶结块儿，使它看起来像坏掉了似的。”说完，她就轻轻离开了。座位上的那个男人听到这番话后满脸通红，只见他迅速端起茶杯，强作镇静地喝了几口，然后起身就走了。

角落里，刚才那位服务小姐的同事替她抱怨道：“明明就是他错了，居然还那么粗鲁地嚷嚷，你为啥不直接说他，给他一点颜色看呢？”服务小姐回答：“正因为他粗鲁，所以我才用委婉的方式对待他，否则不就吵起来了吗？再说，道理一说就明白了，根本用不着大声说啊。”

每个人都有自尊心。在双方的争执中，有的时候虽然你有理，但是你若不依不饶，触犯到了对方的自尊心，对方也会奋力去反击，这不是“无理取闹”，只是在捍卫自己的自尊心。

如果你能做到“理直气和”，用平和的态度，温柔的语气去对待对方的错误，摩擦会在一种和谐的氛围中完美地消除。

你看，那些歇斯底里地吼叫的往往是理亏的人。

清晨，车流不息的马路上两辆电动车“砰”的一声撞在了一起，两位车主应声倒地。一位是六十岁左右的老太太，另一个是一位结婚没几年的年轻女子，车后还载着两岁左右的孩子。

两车相撞后年轻女子身体多处受到了轻微的擦伤，电动车也被撞坏了，好在孩子没事。老太太除了被撞倒在地外并没有受到任何创伤，老太太扶起电动车后就指着年轻女子大骂：“年纪轻轻着什么急，骑那么快，还随意变道，这下好了，撞了吧。”

年轻女子还躺在地上，身上的疼痛还没褪去，她还没力气爬起来，只能先照顾着孩子，一边还要忍受老太太的数落。老太太见对方不还口反而越骂越凶，直至招来路人的围观。

见有人来看了，老太太开始向路人大肆渲染年轻女子骑车太快，又忽左忽右随意变道，手舞足蹈地大声说了半天，周围的人也听出了个究竟。原来老太太是由南向北逆行，而年轻女子却是由北向南正常行驶，为了躲避迎面而来的老太太，这位女子左右躲闪，最终还是在躲闪时被撞到了。

这时众人把年轻女子扶起，纷纷谴责老太太不仅理亏还辱骂受伤的女子，老太太在众人的谴责声中悄悄离开了人群。

“无理”的人反倒“声高”是可以理解的，在争执发生之前他们已经清楚地知道错误在自己，又不肯低头认错，他们希望通过争执来让局面顺着自己的意愿发展。这样的话就只能依靠高分贝的声音、愤怒的情绪、张牙舞爪的神态来掩饰自己的不安，用气势来压到“有理”的一方。

但这又往往更加把他们的“无理”与不安暴露无遗，公道自在人心，无理终究是无理，任凭你怎么挣扎最终还是难逃悠悠之口。与其被人揭穿而蒙羞倒不如趁早认个错，反倒能化解尴尬的局面。

争执发生了，我们应当“理直”，但千万不要“凌人”，得饶人处且饶人，咄咄逼人只会让情况更加恶化，给别人一个台阶也能给自己一片欢畅的内心。如果我们“无理”，千万别去“取闹”，更不要妄想通过强硬的态度来挽回什么，错了就是错了，认错是最睿智的选择，认错并不丢人，敢于认错的人往往能收获别人的称赞。

无论“有理”还是“无理”，“声高”都不是一个好的选择，“有理”的“声高”是得理不饶人，会受到人的轻视；“无理”的“声高”是蛮横耍赖，众人会避而远之。拥有好人缘的往往是那些温文尔雅、心平气和的人。

有理的声低体现的是胸怀，无理的声低体现的是涵养。

5. 尝试把大吼大叫，换成坚定的语气

安东尼·罗宾曾经说过：“你愤怒、你愤恨，是因为你已习惯用这种方式发泄，你已学会了用它们来表达你的不满，来表明你的要求，希望达到你的目的。”可以说安东尼·罗宾的这句话道出了每一次发怒背后的真实目的，但回头想想，发怒真的能达到这样的效果吗？恐怕只能落得个事与愿违的下场吧！

张女士和老公结婚多年，儿子也三岁了，生活倒是很稳定，

但她总觉得美中不足，婚姻里缺了点浪漫。

她老公脾气虽好，却很木讷，张女士觉得老公没有一点情趣，所以张女士心情不好的时候就故意找茬，和老公吵架，可老公基本没有任何回应，两人吵个架都吵不起来。张女士觉得，老公这是心里没她，所以才显得这么无所谓。越想越气，这几年，一吵架她就把离婚两个字挂在嘴上，一直以来，丈夫或者不回应，被逼急了要表态，就说不同意。没想到这一次，丈夫终于改口了，说离就离，成全她。

两人约好第二天办离婚手续，这位女士却有些舍不得了，觉得丈夫其实也不错，她担心自己一离婚就后悔。

婚姻中逐渐褪去激情是每一对夫妻都会经历的，张女士的诉求无非就是想让婚姻中多一点激情，但无论是故意和老公吵架还是把离婚挂在嘴边，都只会让她的婚姻更加糟糕。时间一长，不仅当初的诉求没有达到，反倒让来之不易的婚姻濒临破裂。

养过宠物的人都会有这样的经验：动物更喜欢被顺着毛抚摸。无论是小猫还是小狗，当主人顺着毛轻轻抚摸它时，小猫会闭着眼睛，一个劲地往你身上蹭，还会发出温柔的叫声，小狗会摇着尾巴，一个劲地用舌头舔你的手。但当你逆着毛抚摸它们时，它们便会情绪失控，冲你大声叫唤。

其实，人又何尝不是这样呢？有谁不愿意听温柔的话语呢？虽然“忠言逆耳利于行”，但我们在交流时，一句话入耳，第一反应不是它背后的深意，而是表层上这句话给人的印象。即便是“忠言”，只要它是“逆耳”的，听者就会产生逆反情绪。

当我们妄图通过大吼大叫来表达自己的诉求时，对方会下意识地产生逆反情绪，这并不利于诉求的表达。

当我们有迫切需要表达的诉求时，为了能达到预期的效果，不妨把原先的大吼大叫换成一种温柔坚定的语气。“晓之以理，动之以情”，相信绝大多数的人都是有情有义，通情达理之人，温柔地说服总会有效。

那年，李想的妻子在外面遇见了一位男士，他风趣、有才情。也许是李想的婚姻太冷漠，也许是她的情感太寂寞，总之他给她带来了特别新鲜的感觉，就好像又重新有了恋爱的激情。过去的几年里，她不修边幅、不爱出门，躺在沙发上可以一天不吃饭……遇见他之后她变了，她重新容光焕发……

李想似乎察觉到了妻子的变化，极其理智地问她：“你是不是在外面遇到欣赏你的人了？”妻子点头说是。

李想很快回答说：“那是好事儿啊！但是要注意把握好‘度’。”

这一点都不像一个丈夫说的话。

妻子好奇：“怎么把握度，发展到跟你离婚行不行？”

李想摇摇头说：“不行，要不我也不跟你废话了。”

李想沉思了一下补充说：“很多人都跟我们一样，这就是婚姻。如果两个人老有激情，就累死了。两个人这么熟悉了，不小心摸到对方和摸到自己似的，还能有激情？所以，我们的婚姻没有问题，是你对婚姻的认识有问题，不成熟。现在你遇见这个人，他给了你新鲜感，你就觉得他好，我们俩不好。错！如果你跟他结婚过上几年，就会发现我俩的今天就是你们的明天，而且可能还不如。因为我们俩从一开始就没隔着心，有了儿子，一起买了房子置了家，你和我，挣来的每一分钱都给了咱们儿子、咱们的家。你和他呢？从一开始就是两家人，他有闺女，你有儿子，谁都怕自己孩子吃亏，所以永远分不均。有激情时，糊里糊涂地过，激情没了，对方就成了外人，到那时候，你就后悔了！所以，你要是觉得跟他一起更好，你就去吧。”

听了丈夫的一席话，妻子猛然醒悟。她一把抱住李想，眼泪哗一下流了出来。从那以后，妻子再也没和那个男人来往过。

无论什么时候，发脾气都不是解决问题的好办法。《道德经》有言“将欲废之，必固兴之”，这句话是说想要废去它就一定要先稳固它。这句话适用于我们的日常交往，当我们想要表达自己的诉求时，先要顺着对方的意思。先要耐心地倾听，即便不能苟同也不要急着反驳，然后由衷地称赞他的优点，最后通过引导的方式来表达自己的诉求，相信这样做将能“无往而不利”。

6. 迁怒于人并非智者之举

金庸的武侠小说中，东邪黄药师是个极具个人魅力的人物，他性情乖张，做事从不遵循常理。除了武功卓绝，位列四大高手之外，天文地理、琴棋书画、诗词曲赋、数术易理也是无不精通。

按理说这样一位博古通今的宗师级人物应该桃李满天下，死后还会有武功绝学流传后世，就像武当的张三丰那样，但天之骄子黄药师死后什么都没留下。这都要归因于他早年喜欢迁怒于人。

黄药师的弟子陈玄风和梅超风二人偷得《九阴真经》潜逃后，黄药师一怒之下迁怒于其他弟子，挑断弟子们的经脉后尽数逐出师门，被李莫愁笑话“门下无人”。

人的内心在产生了不满的情绪时总会有宣泄的欲望，有的人平白无故地把自身的不满宣泄给别人，便是迁怒。很多时候，被迁怒的人不仅是毫不相干的人，更是相对弱小的人，弱小的人这时被当作了坏情绪的垃圾桶。

迁怒于人不仅不会达到宣泄的目的，反倒会让那些充当了“坏情绪垃圾桶”的人遭受不明不白的灾祸。他们本是安分守己的个体，有的甚至对你心存善念，但你的迁怒却让他饱受伤害，坏情绪产生的后果有时候是会传递下去的。

心理学上有个概念叫“踢猫效应”。中年男人在公司里被领导批评，带着坏情绪回到了家。家里的孩子正在沙发上调皮捣蛋，男人愤怒地把孩子臭骂了一通，孩子挨骂后回到自己的房间闷闷不乐。

这时喂养的小猫跳到他身边又是打滚又是磨蹭，孩子狠狠踢了小猫一脚，小猫逃出窗外，在大街上来回乱窜。驱车行驶在路上的司机见到突然窜出的猫，躲闪不及，把路边的孩子撞了。

路边的孩子本是与这场坏情绪的传递毫不相干的人，却被强行拉到这个链条中，并成了受到伤害最严重的人。你永远不知道坏情绪的扩散会带来怎样的后果，所以不如学会克制，让坏的情绪在产生之初就被遏制住，防患于未然。

《论语》中孔子夸奖颜回“不迁怒，不贰过”。“不迁怒”是对别人，“不贰过”是针对自身，这是对人极高的评价。

每个人一生中总会与形形色色的人打交道，生气动怒时也不例外。在坏情绪的控制下，人很容易对身边的人或事产生逆反心理，稍不注意就会把自身的怒气倾泻给别人，这时别人就会蒙受不白之冤。有的时候并非有意为之，迁怒别人很多时候是不知不觉中做出来的，但对别人造成的伤害却是难以弥补的。

别人捧着一颗温暖的心向你走来，想要把自身的温暖传递给正在“冰天雪地”中的你。但愤怒的你不仅没有感谢，反倒恶语相向，任谁都无法忍受这样的羞辱。从此当初那个捧着温暖的心的人疏远了你，更可怕的是她那颗温暖的心将不再送给别人。世上少了一丝温暖，多了一丝冷漠。

一位已婚妇女近日来在工作上总是不顺心，当她把这些不良的情绪带到家里时家里变得不如以前温馨了。自从她向丈夫发怒以来丈夫变得越来越冷漠，儿子在餐桌上也总是沉默寡言。

一天下班，她被电梯镜子里疲倦暴躁的自己吓到了。她想，这样的自己怎么给家庭带来美好和温馨？第二天出门时她把一块提前准备好的牌子挂到了墙上，牌子上写着：进门前，请脱去烦恼；回家时，带着快乐回来。

从此以后，即便她在公司遇到不顺心的事，一走到门口，看到这张牌子，她也会努力把那些负面的情绪全都收纳起来，没过多久家里重新恢复了温馨。她不知道的是，这张牌子不仅提醒了自己，还提醒了丈夫和孩子。

迁怒于人永远都不是一种好的倾泻坏情绪的方式，回头想想，被我们迁怒的人都是我们最亲密的人。他们的关心和容忍被我们视为一种可以践踏的东西，我们辜负了他们的善良，用残忍的迁怒去回报。

作为一个成年人，一定要学会克制自己，别人不会平白无故地对你好，再好的关系也需要去经营去维护。要知道被你迁怒的人的坏心情是你造成的，而你的坏心情却不是他造成的，因此，无论是朋友还是恋人，都不是你坏情绪的垃圾桶。两个人在一起是因为开心和快乐，如果你只能给对方带来消极和愤怒，他和你在一起的意义又是什么呢？

有人说：“大事难事看担当，小事琐事看修养。”一个人怒火中烧的时候最能体现一个人的修养。每次想要迁怒别人时不妨向自己发问：“是谁让我生气？”然后深呼吸，告诉自己：“眼前的人都是关心爱护我的人，我不能用残忍的迁怒来对待他们。”最后，理智地剖析自身，找出自身存在的问题。

如果已经迁怒于人，千万不要犹豫，马上道歉。相信人都是宽容的，你的愤怒别人都看在眼里，你的不容易别人也能谅解，只要及时道歉，一切或许尚能挽回。

7. 既然豆腐心，何必刀子嘴

我们把自身的情感传达给外界用得最多的方式是语言，语言是两个人沟通最重要也是最直接的方式。老话常说：“良言一句暖三冬，恶语伤人六月寒。”语言传达着彼此的情感，也影响着彼此的情绪，尖锐的语言比利刃更能刺痛人。

两人发生了争吵，一方尖酸刻薄、不留情面的话语刺痛了对方，这时会有局外人来安慰这位受伤者：“你别看他说得难听，不过是刀子嘴豆腐心罢了。”其实哪有什么“刀子嘴豆腐心”，从嘴上流出的话是自心间产生的，心里怎么想，嘴上就会怎么说，至少在恶语伤人的那一刹那便是如此。

妻子在外出差，晚上住在宾馆正准备休息，突然接到了丈夫打来的电话。丈夫又喝高了，他竟然忘记了妻子在外出差，还口齿不清地要求妻子马上来某某饭店接他。

妻子只听完关键信息就不再听了，因为她也听不懂丈夫究竟在说什么。她肚子里顿时涌起一团怒火，冲着电话大骂，毫不留情，要多难听有多难听，同住一间房间的同事甚至怀疑电话的另一端真的是她丈夫吗？

妻子骂了一通后狠狠地挂了电话，之后又拨通了婆婆的电话。电话里她先是抱怨了一通，接着要求婆婆去接她的丈夫，临挂电话还带了一句：“这就是你的好儿子！”

挂了婆婆的电话她又向同事说起了丈夫的种种不是，仍旧是不留情面，要多难听就有多难听，仿佛说的这个人与自己无关。

我相信，在这位妻子狠狠地向别人倾诉丈夫的不是时，她心里已经被深深的厌恶占据，试想一个妻子在足够爱丈夫的前提下会说出那样尖酸刻薄的话吗？爱是温柔的、包容的、善良的，需要用心呵护的。爱与伤害是对立的。一位爱丈夫的妻子会愿意自己的丈夫被所有人怨恨吗？

“刀子嘴”后面往往是一颗“刀子心”，刀子捅到别人的身上便已经造成伤害，而伤害别人的话语永远不会从一颗温暖的心中流出来。

“刀子嘴，豆腐心”是最低效的表达方式，你不能保证每个人都有足够的耐心去感受你那颗温柔的心，温柔就应该用温柔的方式去表达，这样才不至于引起不必要的麻烦。话剧《恋爱的犀牛》中说：“如果你爱一个人十分，而你只能表达出一分，还不如你爱一个人一分，却能表达出十分。”

很多时候，语言上的温暖与行为上的温暖同样重要，既然行为上是温暖的，为什么不让这样的温暖因语言的美好而更增一分呢？既然已经是豆腐心了，就不要再用刀子嘴了。

一对夫妻，丈夫下班后回来得晚了，妻子心中焦急，出口讽刺道：“这么晚还回来干啥，你怎么不死在外边呢？”累了一天的丈夫刚进门就听见妻子这样挖苦讽刺自己，心里一定好不到哪去，夫妻之间可能就这样吵起来了。

从妻子的本意上来说，她内心真正想表达的意思是：“老公，你这么晚都不回来，我好害怕，我很担心你，我都觉得你是不是不要我了。”她也知道丈夫忙了一天不容易，就因为习惯了“刀子嘴”，才让原本温柔的问候变成了讽刺。

夫妻吵架后双方仍然僵持着，这时候妻子会说：“有种你打我啊，不打你就不是个男人。”其实这时候妻子想表达的意思是：“老公，我知道你是爱我的，吵得再凶你也舍不得打我。”但在妻子说出的话里根本听不出一点温柔，反倒尽是辛辣的讽刺，这时“刀子嘴”背后的“豆腐心”谁会去感受？

丈夫无可奈何摔门而出，妻子又会追出去大骂：“走算什么本事，有本事就别再回来。”这时候妻子已经后悔了，她想要挽留丈夫：“老公你不要走，你赶紧回来，抱着我。”但她口中说出的话却没有任何挽留的意思。

谁会在交往过程中去思考每句话背后的“潜台词”呢？人与人之间的交流瞬息万变，往往是听到了什么话就会立马产生怎样的反应。如果你有一颗足够温柔的心，就应该用温柔的话语去表达。

试想，如果妻子能把心中想要表达的意思直接表达出来。那么从一开始就不会吵架，丈夫会被妻子的温柔体贴感动，以后会尽量早一些回家，夫妻二人的生活会更加和谐。即使已经吵了架，妻子温柔的表达也会让丈夫马上熄灭怒火，毕竟夫妻之间还有深深的爱。

我们发现，“刀子嘴豆腐心”往往针对的是关系最亲密的人，在泛泛之交时很少有人会这样做。那些“刀子嘴豆腐心”的人或许是出于中国人特有的矜持与含蓄，或许是出于对对方的信任。

但也请你知道，温柔并没有什么值得羞愧的，彼此二人，无论关系有多么亲密，温柔的话语总要胜过尖酸的讽刺。

8. 摆脱偏激，换个角度想问题

偏执的人总是狭隘的，他们没有容人之量，也不愿意接受新的事物，牢牢地在周身筑起一道墙，把自己与外界隔绝开来。

看问题偏激的人常常也容易冲动，因为不愿意看到别人有不同的观点，急于说服别人接受自己的想法，所以动不动就会和别人理论起来。

小胡才华横溢，博览群书，总喜欢和同事朋友谈古论今，褒贬时事。本来茶余饭后，三两好友坐在一起是为了消遣，小胡却总把消遣变成一场论战。无论聊的是什么，他总要提出一些和别人不一样的看法。

除此之外他还要通过否定别人来证明自己是正确的，结果常常弄得几个人不欢而散，久而久之没人再愿意和小胡一起聊天了。

很多时候小胡的观点总是过于偏激，但口齿伶俐思维敏捷的他却总能把黑的说成白的，甚至有些无可争议的事情都要奋力去辩解，不把对方说服誓不罢休。这种咄咄逼人的态度得到的自然是反感。

要知道成年人的世界不像是数学题，会有固定的答案，也不像是体育竞技，非要分出个高下，过于执著，不仅是一种心智不成熟的表现，还会让自己陷入困境难以自拔。

其实回过头来想想，何必如此，说服了对方又如何，小胡虽然赢了辩论却失去了趣味相投的伙伴，得不偿失。因小而失大是偏激的人共有的通病，有头脑，有主见，不随波逐流是一个优点，但这并不代表你可以固执己见，否定一切。如果你狭隘、暴躁，像一只浑身长满尖刺的刺猬，必定会刺伤别人。

偏激的性格会让人变得狭隘、孤僻，偏激的言论会影响别人的人生价值观，对一个人产生难以磨灭的不良影响。现在网上总能看到各种各样的过激言论，网络写手们为了博取点击量或者他们常说的“十万加”而不顾影响地发表一些“毒鸡汤”。这些激烈的言论的确能刺激人的感官，但刺激过后给人留下的是深深的误导，一些正在成长期的少男少女们很可能因此而形成扭曲的价值观。

无论什么时候，人们最需要的都是正能量，《平凡的世界》厚厚三本书，书中的故事无论发生在怎样的年代，产生了怎样的悲剧，作者路遥总是用一种温和的语言，包容的心态，去描写故事中的人和事。所以这部书才能被人们奉为“激励千万青年的不朽经典”。

偏激给人带来的只会是负面的东西，偏激就像快乐隔离带，偏激的人总是带着有色的眼镜去看这个世界。

不知什么时候开始，广场舞突然就兴起来了，只要有空地的地方就有大爷大妈跳舞的队伍。每天早上六点左右，跳舞的人们就已经集合完毕，播放着高分贝的音乐开始跳舞。这对于周边居民，尤其是上班族来说简直是一种折磨。

上班族的睡觉时间都是很珍贵的，早早被吵醒不仅会影响到一整天的精气神，还会影响一个人的心情。于是乎就有了小年轻打开窗户冲着楼下破口大骂的新闻报道。

这又有什么用呢？你已经被吵醒，你骂得再凶也不能阻止这群大爷大妈跳舞，反倒会影响自己一整天的心情。倒不如换一个角度去看待这件事。早上的音乐就当成闹钟，能把你早早地叫起来，这样不仅能帮你养成早起的好习惯，还能让你避免迟到的危险。至于睡眠不足的问题，完全可以通过早睡来解决。

早睡早起的你可以从容地吃点早饭，看看新闻，走在上班的路上也可以趁机放松一下心情。不至于因为担心迟到而不吃早饭，火急火燎地往公司赶。这样既不利于健康，又会有安全隐患。

过度的心理偏激是一种精神疾病。相关专家认为偏激的产生源于知识上的缺乏、见识上的孤陋寡闻、社交上的自我封闭意识以及思维上的主观唯心主义。

偏激的人往往在认识上存在片面性，容易以偏概全，固执己见，缺乏包容和谦虚的心态，他们总喜欢用竞争的眼睛去看待外部世界，凡事都喜欢争个高低，让人总想避开他。这种人在情绪上是冲动的，在行为上是莽撞的。偏激的人常做出一些过激的举动来伤害自己和他人。

避免偏激最好的办法是凡事学会用辩证的眼光去看，适时地换个角度去看待问题，不要让自己陷入“敌对心理”。试着去接纳，去包容，在生活中锻炼自己的忍耐力，大胆地去接受新事物，不断扩展自己的知识面。

不要因为偏激而束缚了自己那颗快乐和充满创造力的心。

9. 先处理心情，后处理事情

处理事情需要的是公允、睿智和冷静，情绪恰恰是这三者的敌人，无论是好的情绪还是坏的情绪，在处理事件上过多地加入情绪只能起到反作用。好的情绪让人大大咧咧，坏的情绪让人畏首畏尾，处理事情之前一定要先处理好自己的情绪。

俄罗斯的一位化学家有牙疼的老毛病。有一天他的老毛病又犯了，钻心的疼痛让他很烦躁，手边还有一大堆工作要做，当时他的心情简直糟透了。在书桌前他看到一封信，随手打开看了看。信封里是一位年轻人寄给他的一篇论文，他觉得整篇文章都是胡言乱语，没有任何思路，看完随手就丢进了垃圾桶。

过了几天他的牙痛过去了，心情也随之好多了，工作也顺顺利利地完成了。百无聊赖之际他突然想起了那个信封里的论文，当时没留意的一个细节引起了他的兴趣。

他翻遍垃圾桶终于找到了那篇论文，并再次仔细阅读了一遍。冷静下来后他发现这篇论文很有科学价值，思路与众不同，观点也很独到。这让他为自己险些因为情绪的原因忽视了一位天才而后悔不已。

带着坏情绪去工作时，责任心和处理事情时的果断会大打折扣。烦躁的心情会让人忽视掉工作中本该留意的细节，这是不够负责任的表现，正所谓“细节决定成败”，对细节的忽视可能酿成大的祸端。心力不足时往往会失去前进和拼搏的勇气，很多应该争取的没有去争取，应该把握的没把握住，眼睁睁看着良好的时机从眼前溜走。

坏情绪让人丢掉了精气神，以这样的状态去工作很不理想。但是，好的情绪若是不注意具体情境也会产生问题。过度的兴奋会让人对眼前的形势过于乐观，让决策者失去精准的判断能力，盲目的乐观会麻痹人的神经，让人忽视掉潜在的风险，最终造成难以挽回的后果。

纪录片《大国工匠》中讲过这样一个故事：在我国所有时速超过300公里的高铁上，转向架都是最重要的零件之一。每个转向架的重量都在1.1吨，它的定位臂落在四个车轮的节点上，每个接触面都不足10平方厘米。

列车在高速行驶时要承受近30吨的冲击力，这对转向架提出了极高的要求，缝隙大了小了都不行。大了会导致车轮松脱，旱死了会影响列车的检修。最为重要的是这个转向架只能靠手工打磨，全世界都是如此。国际上的标准是只留给手工研磨工人0.05毫米的空间。这0.05毫米的空间对研磨工人的心态和技术均提出了超高的要求，稍不留神就可能前功尽弃。这要求研磨工人除了要有极高的工艺水平之外，在作业时还必须做到心无旁骛、心如止水。

技术是可以通过后天的努力训练来弥补的，一旦技术成型，就不必再担心。心态却不一样，人的情绪如风云变幻，高精度的工作必须以平和的心态去完成，无论是好情绪还是坏情绪，此时都必须隔绝在工作的意识之外，工作中必须做到心如止水。

其实，并非高精度的工作如此，大多数工作都需要如此，这样才不会有所偏颇，这样才能让一切进度都在理智的把控之下，做到游刃有余。

情绪在工作中会产生重大影响，不少人会去等待好情绪的到来，等待自己的内心真正平静下来后再去工作，他们说“磨刀不误砍柴工”，平复了情绪后工作会更加游刃有余。但是，就像《左传》中说的：“一鼓作气，再而衰，三而竭。”等待中又发现好的情绪迟迟等不到，于是，很多人就耐着心思继续等下去。事实上，那种理想的状态只在理想中存在，无论等多久，它都不会到来，等着等着，等待就成了逃避。

心理学家认为，在一项复杂的事情面前，人们逃避它的动机可能会远远强于去做它的动机，等待中，本就弱于逃避动机的行动动机会被时间消耗掉。等待换来的只有更多的等待。真正杰出的作家不会等灵感来了才去创作，优秀的匠人也不会等待心情好了再去雕刻，打磨，医生更加不会等情绪平复下来了才走上手术台。当一份工作降临到眼前时，需要主动地去平复情绪。把一切过度积极和消极的情绪都摒除掉，用一颗平静的心去工作。

当人带着一颗平静的心投入到工作中后，所有的注意力全都集中在了自己的工作中，此时，情绪的波动已经不再需要去控制，不知不觉中，已经达到了波澜不惊的状态。

有些事情需要把握时机，有的情绪无法逃避，有的事情逼人不得不硬着头皮去做。无论哪一类事情，都不能带着过度的情绪去做。很多时候，你必须在工作开始的那一刻迅速让自己平静下来，被动地等待情绪逐渐平静可能会错过很多机会。永远记住，在处理事情之前先把自己的情绪处理好。

第三章

乱发脾气，你伤害的都是爱你的人

1. 你的脾气决定你的婚姻质量

男人和女人有着不同的脾气，所以男女双方对于维护婚姻的要求是不一样的。

很多人都在抱怨自己的婚姻不够美满，丈夫不够体贴或者妻子不够温柔，三天两头地大吵大闹，一言不合就拿离婚说事。其实喜欢抱怨的人在婚姻中也未必十全十美，经常发牢骚、怨声载道的人脾气往往不够好。

楼下有一家姓刘的人家，儿子娶了一位年轻貌美的媳妇，刚结婚的时候小两口很恩爱，走到哪都手挽着手。没过多久这对新婚夫妇就吵架了，新娘子有点娇气，还有点任性，吵架的时候声音大得全楼道都听得见，最后往往会扔给新郎官一句“我要和你离婚”就跑回娘家了。

说是吵架，其实都是新娘子在闹腾，新郎官只是在不停地道歉，新娘子回娘家后把新郎官急坏了，媳妇刚娶回家没几天就跑了，还有什么脸面见街坊四邻。新郎官赶紧跑到媳妇娘家又是哄又是骗，还真心诚意地道了歉，新娘子铁了心就是不回家。

新郎官没了办法索性就回去了，没过多久，新娘子就自己回来了。后来夫妻俩还是经常吵吵闹闹，仍旧是妻子闹腾丈夫道歉。每次吵架的原因都不尽相同，总之每次都是妻子主动发起进攻，丈夫总是采取防守的策略，吵完了妻子还是会拿离婚来要挟丈夫。

日子久了丈夫不再吃妻子这一套，妻子提出离婚后他不再担心，甚至妻子跑回娘家后他也不会再去哄了，因为他知道妻子不会真的跟他离婚，迟早会从娘家回来。妻子的“狼来了”失去了功效。

后来妻子再跟他闹腾的时候他也就不客气了，以前都是妻子吵，他道歉，现在变成了两个人互相吵。吵得凶了还会摔东西，打架。妻子再提出离婚时丈夫却说：“离呀，我巴不得离婚呢！”

婚姻是两个人的事情，同其他社会关系一样，婚姻的美满同样需要用心去经营，一个人的脾气决定了他将用怎样的态度去经营这段婚姻。你用怎样的态度去对待婚姻，婚姻就会还给你怎样的结果。

对女人而言，一段美满的婚姻需要女人温柔大方，热情独立还要知性成熟。温柔本是女人最吸引男人的地方，温柔的女人会让婚姻变成双方人生的加油站、避风港，无论在外面经历了怎样的大风大浪，回到家，总能得到最好的安慰，治愈一切创伤。

热情独立的女人会让生活更有情调，她们在不经意间制造的小浪漫能让爱情长久保鲜，而她们独当一面的能力也分担着家庭的重担。成熟知性的女人善解人意，明事理，不会给家庭制造不必要的纠纷。

婚姻中，男人的脾气同样关键。美满的婚姻需要男人有强大的抗压能力，无论肩上承受着多大的压力，始终能把坏的情绪关在家门之外。

维持美满的婚姻需要男人学会主动认错，夫妻没有不吵架的，吵架不是为了离婚，吵架过后男人先去道歉，往往更容易打破僵持的局面。

男人还要学会隐忍和包容，很多事情能避免争吵就避免，有些小的事情说出来只能引起一场纠纷，倒不如小事化了随风而散。

婚姻是个混合体，除了需要双方进行不同的努力外，一些方面还需要夫妻双方共同努力。

沟通，是化解婚姻里一切矛盾最好的方法，也是拉近感情最好的方法。无论出现了什么样的危机，只要能合理的沟通，了解彼此的诉求，一切困难都能迎刃而解。生活中的沟通能让彼此更加了解对方，让婚姻变得更加和谐圆满。

每个人都渴望被赞美，特别是亲密的人之间。很多夫妻在结婚后对彼此的赞美就变得越来越少，赞美可以让爱情的浪漫延续下去。赞美就像阳光能融化坚冰，没有什么僵局是一句由衷的赞美打不破的。

婚姻中还需要一丝感动。无论是妻子还是丈夫，既要学会被感动，也要学会去感动对方。有的时候对方为了这段婚姻已经付出了很多，我们需要用自己的感动来回应对方的付出，让对方感觉到自己的关注与感恩，这样付出的一方才不会感觉到疲劳。

制造感动能让婚姻保持新鲜感，婚姻并不是爱情的坟墓，把婚姻变成爱情的天堂，让爱情因为有了婚姻而变得更加纯粹。婚姻质量的下降很大程度上是因为少了感动，因为少了感动，夫妻双方感觉对方“不那么爱自己了”。让感动持续下去，婚姻的质量才能保持下去。

有人说婚姻就像涮火锅，选对火锅底料很重要，其他的什么蘸酱、菜品，看着喜好来就行。那么好脾气就是符合你们口味的锅底，只要你始终用好脾气去对待婚姻，无论涮什么都是香的。

2. 再好的朋友，也不想总当你坏情绪的垃圾桶

对于坏的情绪，我们总喜欢用这样的方式来消除：夜深人静时，找最好的朋友把心里所有的不开心都诉说给对方听。这个过程被称为“倾诉”和“宣泄”。其实这是一种祸患的转移，我们在向好友诉说时，坏的情绪也正一点一点地从我们身上悄悄地溜走，落脚在好友的身上。

小雅的闺蜜失恋了，晚上十点左右电话打到小雅这里，小雅赶紧耐心地安慰闺蜜。“你别伤心，他不知道珍惜你是他的愚蠢。以后他不会再遇到像你这样好的女朋友了！迟早有一天他会后悔的！”

小雅说尽了暖心的话都没能让闺蜜开心起来，后来闺蜜看时间不早了就挂了电话。小雅不知道闺蜜在那边怎样了，她挂

了电话后却一直难以入眠。当初她和闺蜜一起来外面打拼，半年后闺蜜交了男朋友就搬走了，这个男生很会照顾人，她相信生活极度不能自理的闺蜜会被照顾得很好。

现在小雅不仅被闺蜜的悲伤感染，还在担心她能否照顾好自己。越想越乱，心思乱了就更加睡不着了。最后，不知什么时候小雅进入了浅浅的睡眠，这导致了第二天一整天的工作效率都极其低下。

小雅本想在第二天的晚上好好休息一下，谁想闺蜜又一次来找她诉苦。她只能强打精神来安慰可怜的闺蜜，闺蜜开始诉说她在这段感情中的种种不幸，一说又说到了深夜，小雅又是带着闺蜜的悲伤入睡的。

之后的一个月内，闺蜜总是这样隔三差五地找小雅诉苦，诉苦的内容也从和男友的感情到自己的人生经历，再到工作生活上的不顺心，总之，一有坏情绪闺蜜就会找小雅来倾诉。那段时间里小雅在闺蜜的感染下情绪也很消极，每天上班无精打采，工作中频频出错，脸上还长起了痘痘。

小雅意识到自己最近的问题都是因无休止地倾听闺蜜诉苦而引起的。为了能恢复健康的生活状态，又不可以当面回绝可怜的闺蜜，于是小雅总是用各种理由来躲避闺蜜的倾诉。她还要在躲避之后找机会去安慰一下闺蜜。

闺蜜却以为自己的倾诉让小雅感到烦躁，小雅有意在疏远她。渐渐地，闺蜜也不再找小雅倾诉了，小雅发来的安慰短信她也当做没看见，事后草草回复一句，时间久了，两人的关系就不如以前密切了。

好的朋友是一个人生命中最知心的人，很多事情我们即使会隐瞒父母也会毫无保留地说给朋友听。这种亲密的关系让我们在情绪不佳，需要找个人诉说的时候，第一选择的就是他们。

坏的情绪就像是洪水，它让我们的心灵堤坝面临决堤，为了避免灾害，我们“开闸放水”，把洪流一股脑地倾泻给了最好的朋友。但任何人的心里都有一座堤坝，也许别人的也在决堤的边缘，此时你倾泻而来的洪水无颖是把灾难带给了他人。

找人倾诉心中的苦恼本是一件合理又健康的发泄方式，但我们要清楚地意识到，没有人喜欢负面的情绪，每个人的心理承受能力都是有限的，持续性地向别人倾诉只是把别人当成了坏情绪的“垃圾桶”，再好的朋友也有难以忍受的那一天，无论是谁都不能永远地做你坏情绪的“垃圾桶”。

朋友是用来关爱的，不是用来伤害的。朋友接受你的倾诉是一种对你的关爱，但你不断地向好友倾诉就是拿着对方送来的关爱却还以伤害。这种伤害有的时候会毁掉一段友谊。

之前在网上看过一篇名为《朋友圈不是情绪“垃圾桶”》的文章，说的是很多人把微信朋友圈当成了自己宣泄坏情绪的场所。朋友圈存在的作用便是方便我们了解朋友近况，在朋友圈里诉苦抱怨的人同样可以把不良的情绪传递给别人。因为一些原因，朋友圈中负面情绪的伤害性要远远大过人与人之间的倾诉，我们常常在朋友圈里见到一些怨天尤人，恶意诋毁甚至不堪入耳的话。

生活在人人喜欢倾诉的时代，我们不仅需要学会克制自己，不让自己的坏情绪传染给身边最好的朋友外，还要学会防范那些不良的情绪对我们健康的内心造成伤害。

要想从根本上减少负面情绪，最好的方法是选择身上充满正能量的人做朋友。这样的人不仅不会把负面情绪宣泄给你，他们身上自带的阳光气息还会给你的生活带来希望。对于朋友圈里那些总是发表负面言论的人，我们大可选择屏蔽掉这个人的信息或者干脆“拉黑”。

当然，每个人都会有情绪不佳的时候，也总会遇到别人来倾诉。面对别人倾泻而来的坏情绪，要学会调节自身，我们可以让自己不要情境代入，仅仅听一听就好，反正对方只是在发泄，发泄完了就好了。换个思路，也可以把对方的不幸当做前车之鉴，化负面情绪为一种正能量。

最好的方法是让自己强大，无论是自己身上的负面情绪，还是别人倾泻而来的负面情绪，一颗足够强大的心总能把阴暗一扫而尽。

3. 再好的恋人也不会一直宠溺你的坏脾气

一篇名为《没有坏脾气的恋人，只有不会哄人的另一半》的文章刷爆了朋友圈，这篇文章中的人物总能用浪漫的方法将另一半的怒气化解。一个个温馨的故事让我们无限地憧憬着，我们坚信，总会有一个能容忍我们坏脾气的人出现在我们生命里，那个人就是所谓的“对的人”。

理智的人会意识到，那些虚幻的场景只是一碗“毒鸡汤”，真实的生活永远是残酷的，任何人都不可能永远地包容你的坏脾气，即便是对你疼爱有加的父母都有受不了你坏脾气的时候，更何况别人。两个人组建成一个家庭，真正地一起生活时会褪去一切伪装，生活工作的压力会让人把坏脾气暴露无遗。

小莫和赵生的爱情让所有人都羡慕不已，小莫是个爱发脾气的女生，正巧遇到了阳光温柔的赵生，两人恋爱三年基本没怎么吵过架，在朋友眼里是模范情侣。

记得有一次几个朋友在一起烧烤，小莫和赵生负责给大家烤肉。烤着烤着就听见小莫大声地朝赵生嚷嚷。一怒之下还把一捆签子全都摔到了地上。朋友们都一脸尴尬地看着他俩，不知该怎么处理这件事情。赵生愣了几秒钟后温柔地说："不想烤咱不烤了，我看看签子扎到哪了？疼吗？"小莫的心顿时化了。

就在朋友们都认为他们应该是模范夫妻的时候，他俩却吵架了，还是由小莫的暴脾气引起的。但刚吵完赵生马上就道歉，又把小莫哄开心了。

谁想以后吵架成了他们俩人的家常便饭，赵生越来越不能容忍小莫的暴脾气。有一次赵生甚至生气地把一只杯子摔在了地上，小莫见他摔东西更加愤怒，狠心数落了赵生几句。赵生摔门而出，小莫追出去大吼："走了就别回来！"

小莫不明白为什么当初阳光温柔的赵生现在会这样暴躁，当初小莫带着赵生回家的时候，小莫的妈妈还说："这孩子真是难得的好脾气，能处处让着你。"现在那个"好脾气"的赵生哪去了？

婚姻被称为是“世界上最难相处的关系”，婚姻比任何关系都要亲密，也比任何关系都要持久，一个人的包容心和忍耐力都有一个饱和点，在饱和点以内可以容忍对方的坏脾气。但生活的压力何止夫妻关系一项，重重压力下一个人忍耐力和包容心的饱和点很容易就达到了，有的时候不是对方不再温柔和包容，只是他或她真的累了。

一段美满的婚姻需要夫妻双方一起来努力。不要总天真地认为会有一个“对的人”能容忍我们所有的坏脾气和缺点，维持一段美好和谐的婚姻需要的是克制和谅解。要知道人总有身心疲惫的时候，即便对方精神饱满、温柔包容，我们也不应该用暴脾气去对待生命中的另一半。

有人说喜欢一个人应该喜欢他的全部，但平心而论，你们相爱之初自己就是这样的坏脾气吗？如果不是，你当初自己都不敢展示出来的那部分还让人怎么喜欢？谁不想和和睦睦快快乐乐地生活，与其用坏脾气来挑战婚姻的底线，不如用好脾气来营造婚姻的美满。

小川的妻子年长自己三岁，并且在人生阅历和处事经验上处处比他老道。小川虽然是个“小男人”，却有着严重的大男子主义，脾气也不怎么好。刚结婚的时候，家里的大小事情，妻子总能给小川很好的建议，但时间久了小川的大男子主义就暴露出来了，但凡妻子提出的建议，他总是要对着干，有的时候还会大发脾气。

家里装修房子的时候妻子决定不再干涉，里里外外全让小川一个人负责，但买材料时就出了问题，同样的材料小川买的比网上旗舰店的要贵好多。装修中又没有注意施工队偷工减料的问题导致水管漏水，一个屋子的地板全被泡坏了。小川回想起了以前发生的事情，那时候无论做什么，妻子总能给出很好的建议，最后事情会处理得尽善尽美。

这次装修让小川知道了自己的不足，自那以后，生活中的事情妻子还是会提一些建议，渐渐地他改掉了爱发脾气的毛病，夫妻俩吵架不再频繁。

因不顺心的事情而发脾气是人性使然，这是一种人类本性的放纵，无论什么时候，放纵自己的脾气都是一件幼稚的事情，也是一件不负责任的事情。两个人生活在一起难免磕磕碰碰，这时候为了维护婚姻，我们需要做的是克制而不是放纵，我们总是放纵自己太多，又总是过多地希望别人能够克制。其实，只有两个人一起克制才会有美满的婚姻。

每当想要大发脾气的时候都要告诉自己：眼前的这个人是今后的一生中最亲密的人，他（或她）为了维持这段婚姻也在努力地克制自己，我又怎么忍心把暴躁的脾气发在他（或她）的身上呢？好的脾气并非都是天生的，相信时间久了当初那个暴躁的自己会被一个温和的自己代替。

4. 夫妻吵得再凶，也不要揭短、翻旧账

夫妻之间的生活总是琐碎而平淡的，但锅碗瓢盆之间也总是碰撞出火花，柴米油盐之中也总是闹出矛盾。没有不吵架的

夫妻，经常吵架固然说明了婚姻中存在问题，但夫妻二人从不吵架也不见得就好，重要的是要学会吵架，要知道吵架中最重要的是不能翻旧账，更不能揭短。

尼采说：“回忆告诉我‘我成功了’，自尊心和我说‘我无能为力’，一切亘古不变。最后，回忆让步了。”夫妻吵架了，切忌总是翻旧账。如果你仔细观察，或许会发现，面对同样的事情，夫妻二人的脑海中却是不一样的版本。时光不能倒带，过去的已经过去了，何必再因为过去的事情而喋喋不休。

李丹和老公结婚五年了，婚前她曾和一个已婚男人交往过，但没多久就分开了。当初和老公结婚的时候李丹曾把这段辛酸的往事毫无保留地告诉了老公，老公说爱一个人就要接受她过去的一切，李丹感动得眼泪打转，不久二人就结婚了。

婚后才发现老公并没有做到当初他承诺过的事情，夫妻偶尔吵架后他还会提起那段往事，有的时候吵得凶了丈夫甚至会用不堪入耳的话痛骂李丹。这样的侮辱总让李丹勃然大怒，也忍不住翻起丈夫那些见不得人的丑事。

最近李丹发现丈夫和一个女人的关系很暧昧，她曾暗示过丈夫几次，丈夫却装作什么都没发生。直到李丹把丈夫拉着那个女人的手逛街的照片放到他的面前时，丈夫终于撕破了脸。再一次提起她那段辛酸的往事，还扬言自己比当初的李丹光彩多了，最起码没有在妻子怀孕的时候出轨……

其实当初李丹的那段辛酸往事并没有丈夫口中说得那样不堪，当时的她并不知道对方已经有了家室，更不知道对方的妻子已经怀有身孕，偶然的机会李丹得知了对方的一切就立马分开了。她曾经也解释过这件事，但丈夫根本不相信，仍然会用那些最侮辱人的话来骂她。

无论是男人还是女人，夫妻二人吵架后去翻旧账的目的都是为眼前的过错找借口。“你以前不也那样吗，为什么我现在做就不对了?”这是一种纯粹的无理取闹，过去的事情已经过去了，对方过去犯下的错误不能成为你今天犯错的理由，更不能用对方过去的错误来为你现在的错误来开脱。

错误终究还是错误，犯错而引起的矛盾只有通过认错，请求对方的谅解来解决，用对方曾经犯下的错来掩盖你当前的错是一种火上浇油的行为。夫妻二人的争执本来仅限于当前的一点矛盾，翻旧账是让以前的矛盾来恶化当前的矛盾，最终所有矛盾会变成一个难以解开的死结。

“揭短”也是夫妻吵架中的“死穴”，揭短只能让矛盾变得更深，于问题的解决没有丝毫的益处。揭短意味着双方吵架的范围已经不仅仅是因事而吵，变成了一种恶毒的人身攻击。夫妻二人本是最了解对方的人，生活中早已把所有的缺点和不足暴露给对方，吵架中攻击对方的软肋是对对方信任的一种辜负。

或许面对旁人对你的辱骂，你尚有抵御和还口的能力，因为旁人攻击的可能并不是你真正的软肋。而夫妻之间互相人身攻击总是最让人心碎的。作为亲密关系中的夫妻双方，彼此或多或少都会知道对方的软肋，这样的攻击无疑让人瞬间遍体鳞伤。而且造成的伤害是最难愈合的，就像当初在一起的时候，我们好不容易才为对方卸下了自己所有的防备。伤口愈合以后会留下一道丑陋的伤疤，它会永远存在，提醒着我们不要忘记过去的伤痛，夫妻间的隔阂由此而产生了。

那种完全撕破了脸，用恶毒的话语羞辱、中伤的行为本不应该发生在爱人之间，仇人之间有的时候尚且互留情面，爱人之间又怎么能不顾一切呢？这种人身攻击对事情的解决是没有任何帮助的，它只能加快矛盾激化的速度，让事态变得更加难以收拾。

夫妻之间维持和谐的关系需要靠互相的欣赏，善于发现对方的长处才能保持如胶似漆的爱情。就像当初恋爱时那样，或许他是因为她在路边救起一只流浪的小猫而动心，她因为他帮着路人搬东西而钟情，只有互相欣赏才能产生美好。

心理学家指出，吵架之前约定好不要揭短中伤，不要翻旧账，是解决矛盾最好的方法。夫妻二人吵架一定是因为出现了意见不统一，双方都需要用吵架这种烈性的方式来表达自己的要求。吵架前的约定可以很好地把吵架限制在解决问题的范围内，这样，吵架之后问题解决了，夫妻二人的感情也更深了。

5. 别把坏情绪带回家

我们总是以这样的方式活着：在外人面前衣冠整洁，温文尔雅，能用最大的耐心和最宽容的胸怀去接受别人的错误，但是一回到家我们就会变成另一副模样，我们变得暴躁、刻薄，家人稍有一点错误我们就会大发雷霆。

其实，我们都活得“反了”。静下心来扪心自问，在外面低声下气为的是什么？不就是为了让自己的家人活得更好一点吗？之前的所作所为能让家人幸福吗？显然不能，家是一个温暖的地方，别把坏情绪带到家里，别让外面的风雪侵害到这个原本温馨的地方。

吴坤在大城市打拼多年后终于有了自己的一席之地，他决定把父母接过来，让操劳了大半生的父母享享福。谁想，住到一起后反倒常常和父母吵架。

吴坤在公司里是一个中层领导，每到了月末总有繁琐的工作总结要做。那段时间他的工作压力本就大得让人透不过气，又到了月末，还要在分析大量数据的基础上，做多达 50 页的 PPT，以及写一定字数的工作总结。

下班后他总是一脸倦容地回家，餐桌上父母看他最近一直无精打采，担心他生病了，不由问这问那。吴坤心情烦躁，有一搭没一搭地回答着，问了半天父母终于知道吴坤是在为工作苦恼。这时候老父亲坐不住了，忍不住教导了吴坤几句，情绪不好的吴坤把父亲的教导当成了批评，就和父亲顶起了嘴，父子二人闹得不欢而散。

吴坤回到卧室后本想早点睡，但跟父亲吵了之后情绪平复不下来，他就写起了工作总结，熬到半夜总算写完了，正好明天周末可以睡个懒觉放松一下。

第二天上午，他还在迷迷糊糊地睡着，突然听见了门外父母的对话。在双亲的话里他听出了对他满满的心疼，尤其是父亲。老人家本就不善表达，看着儿子压力大也是干着急，有的时候想着帮忙提点建议吧，儿子还不乐意听。吴坤听见父亲唉声叹气地说了一句："人老了都遭儿子烦，唉！"

吴坤听着听着就哭了，他知道自己让父亲伤心了。

父母做了儿女一辈子的保护伞，从来没想过要得到什么回报，年老体衰后仍然为儿女操心，他们一辈子吃尽了苦，受尽了气，我们本应该用最温柔的心去对待他们，还他们一个温馨快乐的生活。当我们带着工作的压力，不良的情绪走进家门时，父母的一切欢乐都被我们夺走了。

无论是妻子还是丈夫，他们同父母是一样的，一路走来互相扶持才有了今天的生活，她（或他）在背后默默地付出了多少辛酸我们一清二楚，我们也曾发誓要让她（或他）幸福，当我们带着坏情绪回家时，她（或他）便成了最委屈的那一个。

孩子本是最无辜的，他们应该有一个无忧无虑的童年，长大后回忆起来才能满是阳光和欢乐，不良的情绪波及孩子，总会给孩子造成最大的伤害。孩子是天真可爱的，但当我们带着情绪走进家门时，那种招人怜爱的天真会让我们感到厌烦，而表现出没有耐心，甚至是严厉呵斥。

孩子的天真就这样被我们扼杀了，丢失了天真的孩子会有一个幸福阳光的童年吗？若是一个孩子早早地就在心里留下了阴影，这将导致他以后性格的不健全，甚至贻害终生。

在美国，有一个贫困的家庭，妻子为了让这个家庭生活得更好，在外面找了一份零工。工作很累，老板很凶，经常骂员工，她经常带着一肚子气回家。

一天，她下班回家看到孩子们在家里玩耍，心中烦躁，就骂了孩子们一顿。这时丈夫刚好进门，看到妻子愤怒的样子，他吓坏了，随后他告诉妻子：“无论你在外面经历了什么，都不应该把怒火带回家，更不能让孩子们来承受这一切。在外面仅仅工作就行了，你并不在那里生活。”丈夫指了指地下，“你是在这生活，你需要做的就是工作完拿着钱回家好好地生活。”

在家里才是生活，在外面的一切都是为了这个家。睿智的人能把工作和生活很好地区分开来，工作的时间卖力地工作，下班之后便把所有的工作都抛到一边，尽情享受生活的乐趣，更不会把工作中的不顺心带到家里。

常有人把家比作“避风港”，在外奋斗的我们更近乎一只船。无论外面有怎样的狂风暴雨，惊涛骇浪，这里始终一如既往地平静。在这里不用担心迷失方向，不用担心沉没，在这里可以得到最全面的补给。从家里离开时你总能以最好的状态去迎接一切挑战，家总能让人卸下所有包袱，享受一种彻彻底底的放松。

下班时，给自己换个心情，带着微笑进家门才能让工作和生活两相得宜。

6. 家庭关系中，切忌挑战对方的界限

“我是一个努力干活，还不黏人的小妖精”这句歌词火遍了整个网络，男人心中最好妻子的模样就是“努力干活还不黏人”。在我们总习惯用“黏”来衡量亲密度时往往忽略了彼此间也应该留有一定的界限，无论是父母和子女还是夫妻双方，

最好的状态永远都是“有点黏，又不会太黏”。

很多的家庭矛盾都是因为家庭成员之间彼此没有界限。家庭中的矛盾不外乎三种：经济问题引起的矛盾、因责任不明而引发的矛盾、因情感问题而引起的矛盾。有的时候一个矛盾中又可能会夹杂其他矛盾。解决这些矛盾最好的一个方法就是明确彼此之间的界限。

习惯了照顾孩子的母亲在儿子长大结婚后仍然会延续这样的习惯，这时候很多本来应该是夫妻双方承担起的责任却被老人“夺”去了，一旦出了问题总是说不清道不明，婆媳之间的纠纷就是这样产生的。

成员数量较多的家庭容易产生经济方面的矛盾。家中共同的大事，如给父母治病本该有一个明确的账单，然后一目了然地由各个子女分别承担一部分费用，却因“谈钱伤感情”而埋下祸根，最终都认为自己是付出最多的那一个，经济方面的矛盾永远都是影响兄弟姐妹感情最大的杀手。

夫妻之间的问题往往出在过于亲密。

海洋的妻子是一位优秀的家庭主妇，她勤俭持家，里里外外都打理得妥妥帖帖，还能做一手好菜，婚后海洋总是陶醉在这种满满的幸福感中。可没过多久问题就暴露了，妻子总喜欢把一切都掌握在自己手里，丝毫不给老公任何的空间。

海洋的手机要随时被妻子翻阅，甚至他微信号的密码都必须告诉妻子。偶然有女性发来的短信或微信，妻子就会疑神疑鬼地问半天，不弄个一清二楚誓不罢休。有的时候甚至会私自回复女同事给海洋发来的微信，当海洋无奈地问她为什么要这样做时，妻子却说："夫妻之间就不能有秘密，我要试探一下。"

最让人难以接受的是每次应酬，妻子总要详细盘问。海洋必须把到场的每个人连名带姓都一一向妻子说明，如果有女性到场，他还要向妻子说明该女性是否已经结婚，长相如何，等等。有的时候妻子甚至会在应酬中频频给他打电话，这样的"亲密无间"让海洋越来越难以忍受。

"夫妻之间应该保持一定界限吗？"很多人曾为了这个问题深刻地讨论过。这个问题涉及了个人隐私和彼此之间的亲密度，从表面上看个人隐私和亲密是两样不可兼得的东西，充分保障了夫妻之间的个人隐私亲密度就会下降。但是共享隐私并不是真正的亲密，夫妻之间还有个舒适度的问题。

保持一定的界限会让彼此生活得更加舒适，相比起共享隐私，心灵上的相通更有利于提升彼此之间的亲密程度。真正的亲密关系是建立在"亲近"和"了解"之上的深层次的心灵沟通。彼此之间既能卸下一切伪装和防御，把自己最丑陋和最脆弱的地方暴露给对方，又能彼此独立而成熟地生活和发展。

依靠共享隐私、财富来维持家庭之间的亲密关系是一种没有安全感的表现。由于安全感的缺失，妻子总想通过了解丈夫的一切来增进夫妻之间的亲密程度，父母也会尽量把儿子的责任包揽到自己的身上，兄弟姐妹之间也试图通过以不计较经济方面的得失来展示彼此间的亲密。

但以上所有的一切都只是表层上的和谐，没有发生问题则彼此安好，一片其乐融融的景象。一旦产生一点点矛盾，这样的和谐就瞬间坍塌。破碎后的和谐往往最难恢复，往往面临的是婆媳大战、父子反目、兄弟姐妹从此不相往来的坏结果。

尊重彼此之间的界限，承认并正视它的存在，不去挑战它才能维持好的家庭氛围。

一段成熟而和谐的婚姻要求夫妻双方尽快摒弃恋爱时对对方充分的占有欲望，给对方留出空间，让彼此舒适地生活，自由地发展，成就婚姻的美满也不限制彼此的进步。在这期间彼此之间要经历家庭角色的探讨，家庭角色的探讨将涉及所有的家庭成员，争吵是少不了的，但只要本着“尊重彼此间的界限”的原则，最终都能在家中建立起一个有条不紊的家庭秩序。

尊重永远是一个美好的词汇，无论是谁都需要尊重，尊重能换来被尊重。尊重别人的隐私，尊重彼此间的界限，才能有一段美满的婚姻，才能收获一个和睦的家庭。

7. 心情不好，也不要用错误的表达方式

现在的人，或多或少都承担着巨大的生活压力和工作压力，精神长期处于紧张的状态，很容易就会导致心情不佳。人在情绪不佳时往往会丧失理智，采用错误的方式来发泄郁结在心中的不良情绪，由此又会产生两种不良后果：侵犯他人和伤害自己。无论是哪一种后果，最终承担这一切的都只能是我们自己。

心情不好时要选取正确合理的宣泄方式，这样既能避免对别人和自己造成伤害，又能驱散心中的不良情绪。

苗莉是北京某高科技企业的一位高管，工作性质决定了她需要经常性地出差。与别人出差不同的是，她从来都没空余时间游山玩水，她常常是在一个城市晚上加班把工作完成，第二天一早又要赶飞机，飞往另一个城市，这样的生活一旦开始，至少会持续半个月。

时间久了，这样的生活让苗莉感到烦躁，每次回到家里，生活节奏一慢，她就想发泄一下。偶然的原因，她接触到了高尔夫，她一下子就喜爱上了这项优雅的运动，从此以后，每次心情烦躁了，她都会约上三两球友去打球。当她站在绿草茂密的草地上舒展四肢，全力挥杆时，她会得到彻彻底底的放松。

苗莉打球不为争高低，只为享受其中的轻松愉悦。但无心插柳，柳成荫，时间一久，苗莉成了公司里高尔夫球打得最好的人了，高尔夫球从此不再是她发泄情绪的工具，也成了她生活中的一部分，更成了她的一项特长。

就发泄情绪的效果而言，健康合理的发泄方式要远远胜过那些消极颓废的发泄方式。用健康的方式来发泄，除了能将不良情绪驱逐之外，还能让人收获一个平静恬淡的好心情，那些通过酗酒、疯玩来发泄的方式，则不会有这样的效果。

健康合理的发泄方式有很多，根据每个人的特点可以采取不同的发泄方式：

喜欢运动的人在情绪不佳时可以选择进行一些有氧运动来发泄自己的不良情绪。与室内健身房不同的是，有氧户外运动能给人一个更为开阔的视野，一片更为清新的空气。有氧户外运动能够起到改善情绪的作用。这是因为有氧户外运动能够提高心率，促进血液循环，改善人体和大脑吸收与利用氧的机能。每周坚持 3 ~ 5 次的有氧运动，每次持续 20 ~ 30 分钟，长久下来形成规律，便能达到改善情绪，稳定心理状态的效果。

喜爱美食的人可以用“饮食缓解”来发泄不良情绪。当然，这并不是让人暴饮暴食，食物给人的享受不只有味蕾的刺激。在情绪不佳的时候，选择性地食用一些以面粉、土豆、玉米类为主的食物，既能促进大脑机能，产生使人放松的效果，又可通过细嚼慢咽的过程来缓解和转移对有关事物的注意力。需要注意的是情绪不好时应避免食用内含咖啡碱的食物，因其容易使人沮丧、烦躁和焦灼不安。

“音乐陶冶法”也是一种不错的治愈不良情绪的方法。情绪不佳的人在听音乐时要有所选择，既不能只听平日里钟爱的音乐，也不能只听同一种风格的音乐。心情不好的时候，要选择一个安静的环境，选择与自己当时的情绪相符的音乐。比如生气的人适合听摇滚乐，但时间不能太长，达到了发泄的目的后就可以换一种能让自己情绪稳定下来的音乐，最后一个阶段是选择让自己情绪高涨的音乐，关掉音乐后能让情绪恢复饱满。

还有一种“回归自然法”，它几乎适用于所有情绪不佳的人。心情不佳，情绪萎靡的人如果能置身大自然，亲近大自然，满耳都是虫鸣鸟叫，满眼都是草长莺飞，大自然的清风拂面，绿意盎然会让人油然而生出一种愉悦的感觉。在古代，那些在政治上、科举上失意的文人，总会寄情山水，通过亲近自然来发泄心中的郁结，由此而诞生了一篇篇流传千古的美文，《醉翁亭记》就是典型代表。

其实，所谓合理而健康的发泄方式并不仅仅如此，所有能够让人收到发泄的效果的，但又不会对任何人造成伤害的方式都可以被提倡。发泄情绪的重点不在于你采用了怎样的方式，而在于这样的方式是否真的适合你，在于能否达到发泄的目的，在于发泄过后你能否拥有饱满的情绪、积极的心态，只要能达到这样的目的，大睡一觉或者写一篇日记狠狠痛骂某人一顿亦不失为很好的发泄方式。

8. 别拿“天生的坏脾气”当借口

人的脾气都是在环境中一步步形成，一点点变化的。刚生出的婴儿都是号啕大哭，没有谁天生就是一副好脾气。爱发脾气的人总是嚷嚷着“我天生脾气就不好”，这不过是在为自己开脱而已。遇到不顺心的事情就大发雷霆是一种幼稚而且不负责任的行为，说到底就是一种自私。

慧通禅师是远近闻名的得道高僧，禅理讲得透彻而通俗，总有慕名来请教问题的人。

某一天，寺中来了一位年轻人，他向禅师问道：“我生性暴躁，脾气不好，经常因此而祸及家人，请问禅师，我该如何是好?”禅师回道：“你把你这‘天生的坏脾气’拿出来我瞧瞧，好帮你寻求应对之法。”

禅师的话让年轻人一时不知该怎样去回答，他反复想了想后说：“这种东西我现在还没有，不过，每当遇到事情它就会自然而然地蹦出来，让我暴躁不已。”

禅师哈哈大笑，然后对年轻人说：“这就是说，你的这个‘坏脾气’只有在一定的情境下才会产生对吗？既然如此，又何来‘天生’一说呢？你说这‘坏脾气’是与生俱来的可真是冤枉了你的父母。”

年轻人听后心有所悟，高兴地离开了寺庙。

人都有七情六欲，当外界的压力来临时，每个人心中都会产生逆反的情绪，这是人性使然，但这并不意味着都是坏脾气，更不能成为判断是否天生坏脾气的依据。坏脾气是将心中的逆反情绪爆发出来，用愤怒来宣泄自己的不满。

遇事就让自己内心产生的逆反情绪毫无保留、不加节制地爆发出来是动物最低端的反应。人是可以控制自己的情绪的，这也正是人类优于其他动物的重要原因。

有些发脾气的人在发脾气之前早已明确地意识到自己的大发雷霆将会带来怎样的后果，但他仍旧是那样做了，这是一种极不负责任的行为。只顾着自己宣泄，丝毫不考虑周边人的感受，自私之心暴露无遗。

平日里遇到的那些好脾气的人，他们真就“天生好脾气”吗？显然不是，有的时候他们不是没脾气，只是为了不影响别人而选择了忍耐，这种人是足以让人敬佩的。他的可敬之处不仅在于能克制自己而不影响他人，更在于他意识到发脾气也没用的那份睿智。

大山出生在一个商人家庭，又是父母的独子，爷爷奶奶的长孙。备受宠爱的他出生以来几乎没遇到过什么不顺心的事情，这让他养成了我行我素的性格，稍有一点不顺心就大发雷霆，因为这时候总有人来哄他，安慰他。

后来父母经商失败，家道中落，从此不再有人来宠着他了。但长期以来形成的坏脾气仍旧改不掉。渐渐地，当初那些酒肉朋友因为他家境不再优越离开了他，他想再去结交新的朋友却因脾气不好而屡屡失败。

为了帮助父母还债，他不得不外出打工。一无所有的他只身在外地漂泊，举目无亲。工作中他渐渐认识到发脾气不仅不会解决问题，反而会让事情变得更加糟糕。

几年下来，当初那个脾气暴躁的“富家少爷”变成了同事们眼中满脸和气、吃苦耐劳的小伙子。

老人们常说：“现在的年轻人棱角太分明。”很大程度上是在说年轻人遇事容易动怒，容易大发脾气。这是由于年轻人刚刚脱离父母的庇护，还没有经历过太多磨砺的缘故。这也是年轻人不成熟的表现。生活是一个不断打磨的过程，每个人来到这个世上都是一块棱角分明的顽石，在生活中反复打磨后才能变成一块温润圆滑的美玉。

脾气是可塑的，那些脾气暴躁的年轻人，不过是因为还没有经历过足够的磨难而已。

生活和经历是一个人不断完善自我最好的教练，脾气不好的人多经历一些事情，自然而然就变成了“好脾气”。但生活总是太慢，在我们迫切需要一副好脾气的时候它却无能为力。这时请不要忘了，脾气是可以通过人为的干预来改变的，只要肯努力，就能拥有好的脾气。

医生治病之前先要“望、闻、问、切”，诊断出结果才好对症下药。同样，在“好脾气”的修炼过程开始之前要先清楚地认识自己，弄清楚自己在什么时候最容易发脾气。

根治坏脾气的药方是“多读书，多运动”，这看似万金油的方子其实是治疗坏脾气的良药。读书能让人平静，还能增加人的涵养，久而久之浮躁和易怒就会有所改善。运动能改善人的坏脾气有着充足的科学依据，运动而产生的多巴胺会让人感到快乐。除此之外，户外运动中优美的风景、开阔的视野、酣畅淋漓的汗水也能让人心情愉悦，忘记烦恼。

这些都是长远的计划，当心生怒火的时候仍然有办法让人控制情绪，不发脾气。每当你要大发雷霆的时候问问自己：这样做有用吗？这是悬崖勒马最好的方法。心情平复过后把发脾气的原因写下来，隔一段时间翻开来看，你会为自己当时幼稚的行为而羞愧。

努力去修炼一副好脾气，不要再用“天生脾气不好”来为自己的幼稚和自私开脱了。

9. 用理性控制你的暴脾气

拿破仑说：“能控制好自己情绪的人，比拿下一座城池的将军更伟大。”发脾气是人的一种本能，控制自己的脾气却是一种本领，这种本领的关键所在就是理智。

理智是暴脾气最好的解药，暴脾气又是理智最毒的毒药，它们两个是一种此消彼长的关系，失去了理智的时候暴脾气就像决了堤的洪水，喷薄而出，难以阻挡。

村子里的人都称邓叔为“小炮仗”，因为邓叔脾气大，遇事一点就爆，再加上他身形瘦小，“小炮仗”的称号就这样来了。

那时候正是收麦子的时节，邓叔家的麦田不是单独的一块，两边都和其他家的麦田接壤。旁边一家收麦子的时候，因为找不见边界多收了邓叔家一点麦子，邓叔知道后顿时大怒，火急火燎地赶到了这位村民家，与这位村民争执了起来。

不巧的是这位村民向来不善于表达，面对邓叔的质问他急得面红耳赤干着急。邓叔在这边不依不饶地说着，那边却不知该如何处理这件事情，麦子已经收了，总不能再种回去。邓叔看对方没有道歉的意思就更加恼火了，随手提起地下的空酒瓶子就朝对方的脑袋上砸去，好在被其他村民拦下了。

对方见邓叔这样蛮横也不示弱，索性大骂起邓叔，邓叔一怒之下把手中的瓶子朝着对方扔去，瓶子砸中了这位村民，他痛得哇哇乱叫。这位村民被激怒了，从厨房拿来菜刀嚷嚷着要砍邓叔，邓叔不甘示弱，就要冲上去和这位村民扭打。

这位村民见邓叔这样强悍也不敢用菜刀来攻击，手中拿着菜刀，却用另一只手和邓叔扭打，前来劝架的村民纷纷上前制止。混乱中邓叔抢过对方手中的菜刀乱砍一通，砍伤了一位无辜的村民，这位被砍伤的村民伤势过重，邓叔锒铛入狱。

暴脾气有的时候真的会毁掉一个人，当脾气压过理智的时候，人的一切行动都已经被怒气所支配，冲动之下往往会产生悲剧。回过头来想想，不过是因为一点麦子，负情绪的增长让人失去了理智而大发脾气，最终酿成了惨剧。

心生怒火的时候，别任由它滋生爆发，也不能一味压制，强压之下的情绪一旦爆发将产生更加不可挽回的后果。就像古时候大禹治水那样，洪水来了，大禹的父亲鲧用“堵”的办法没有解决问题，大禹用疏通分流的办法成功解决了洪水的危机。情绪也像洪水，疏导才能解决问题，疏导靠的是理智。

一天莉莉正和闺蜜逛街，突然一阵急促的响铃声让莉莉产生了一种不好的预感。接起电话后莉莉的表情瞬间僵住了。不知电话那端说了什么，莉莉缓缓放下手机后先是发呆了几秒，紧接着就是狰狞地破口大骂。

闺蜜见她这样反常赶紧关切地问到底发生了什么。莉莉一边骂一边说，半天闺蜜才弄清楚了原委。同事的一个低级错误给公司造成了巨大的损失，她作为负责人很可能要丢饭碗，她在这个公司摸爬滚打好多年才混成今天的模样，没想到被同事的一个失误全毁了。

莉莉骂着骂着就哭了，后来索性坐在商场的角落里不走了，闺蜜见状也着急了，说：“你在这一直生气也没用啊，还不如试着挽回一下，说不定还有希望。”

莉莉被闺蜜点醒了，她开始控制自己的情绪，仔细梳理这次事件。接着她又连续打了好多个电话，虽然打电话的时候她的声音还在颤抖，但她仍旧保持平缓的语速和温柔的声音。经过一个多小时的挣扎努力，莉莉终于深深吐了一口气，她如释重负地坐在地下，说了句：“还好，还好，有惊无险。”

很多时候我们之所以发脾气只是主观地把到来的困难放大

了，被我们强化过的苦难又把我们吓倒了，变得无能为力的我们只能歇斯底里、大发脾气。但越是这样困难越得不到解决，当脾气一点点地把理智侵蚀掉后，事情就真的不可挽回了。

无论什么时候，都不能让情绪大过理智。在困难面前，理智和情绪也在进行着激烈的较量，这时候我们要努力去帮助理智战胜情绪。

想要动怒时，不妨问问自己究竟在因为什么而生气？自己大动肝火能解决眼前的问题吗？当我们明确了生气的原因，也意识到了生气并不能解决眼前的困难。这时候我们可以试着暗示自己：或许并没有想的那么糟糕，试一试也许还有出路。

紧接着我们就要着手去解决问题了，解决问题时切忌焦急慌张，告诉自己事已至此，只会往好的方向发展。这时也许会有人冷嘲热讽，本就难以平静的我们要努力去忍耐，不要急着反驳，也不要急着动怒，要记住，多少人都在等着看我们大动肝火的丑态，平静是对那些等着看笑话的人最好的反击。

第四章

别为不相干的人生气发火，因为不值得

1. 别人一两句话就能激怒你，那么你还不够成熟

早上，艾小姐正在地铁上一如既往地睡着她的回笼觉，突然脚背被人踩了一下，因为穿着凉鞋，赤裸的脚背直接与那人的鞋底接触，更可气的是那人穿的是高跟鞋。艾小姐吃痛，赶紧把脚缩了回去，然后恶狠狠地看着那人，等着对方道歉。

对方却像没事人似的盯着手机，自顾自地发着微信，没有任何表示。艾小姐向来暴脾气，冲着眼前这位说了一句："美女，你是不是应该表示一下呀？"这人看了看四周回道："你是在说我吗？"艾小姐顿时暴怒："我在说踩我脚，还不懂道歉的那个！"这位女士却说："你别诬陷人啊，谁踩你了，年纪轻轻就学会了讹人。"

双方你来我往争吵了起来，这女人说话越来越难听，到后来简直是不堪入耳，艾小姐没忍住打了这位女子一巴掌，双方就扭打起来了，慌乱中艾小姐把对方的胳膊抓出了血痕，她自己的情况也好不到哪里去。女子见到身上的伤，忍不住报了警，警察问是谁先动的手，艾小姐无奈地承认了。

脾气暴躁的人总是容易大动肝火，稍有一点不顺心就会被激怒。他们的胸中像是总浮着一团气，气体总是不稳定的，外界稍有一点变化它就会产生剧烈的反应，因小事而大发脾气最终只能落得个两败俱伤。

成熟的人是不会因为被踩了一脚就大发雷霆的，更不会在公共场合轻易和别人发生争执甚至大打出手。一个心态成熟的人，因被踩而吃痛叫出来后，首先会意识到自己的失礼，然后见对方并没有任何表示，便能马上意识到此人素质不高，深究下去必定会让场面失控。

一些别有用心的人也会利用心智不成熟的人容易被激怒这一特点，而在特定的场合实施激将法，来诱使对方发怒。人在盛怒之下往往会失去理智，做出一些错误的事情，当你在一步步走向错误的时候，那些别有用心的人却在一边偷偷地笑了："对不起，你中计了。"

在2006年7月10日举行的世界杯决赛中，齐达内开场就利用点球帮助法国队取得领先，马特拉齐随后扳平比分。当比赛进行到109分钟时，马特拉齐后场盯防齐达内，两人似乎发生口角，齐达内丧失冷静，突然头部顶在马特拉齐胸口上，意大利后卫应声倒地，主裁判埃利松通过和第四官员交流，向法国队长出示了红牌。

最终，法国队在点球大战中不敌意大利，遗憾地与大力神杯擦肩而过。而在齐达内下场前，法国队一直处于进攻态势，但是齐达内的不冷静行为，使得本身占有优势的法国队最终输掉了比赛。

镜头捕捉到一代球王齐达内，在世界杯落幕后，一脸黯然地从大力神杯旁边走过。齐达内在接受法国电视台采访时，说道，"当我在场上往回走时，马特拉齐在身后一直不停地侮辱我的母亲和我的姐姐，他的话语让我实在难以忍受。开始我不想听，但是他仍旧不停地说，最终我没有控制住自己。"

一代球王以这样的方式结束了自己的职业生涯，让人唏嘘不已。他明明知道对方的战略就是激怒他，但心智不成熟的他仍旧没能忍住心中的那团怒火，最终也没能给自己的职业生涯画上一个圆满的句号。

每个人的心中都有一个用来装怒气的瓶子，不同的是那些心智足够成熟的人，他们心中的瓶子要大一些。当怒气产生时，他们能更好也能更多地把怒气收纳起来，心智不成熟的人则不然，他们心中那个装怒气的瓶子很容易被装满，当怒气装不下之后，这个瓶子就会被撑破。此时他们的情绪失去了控制，总会做出一些愚蠢的事情，错误往往就是这样酿成的。

成熟的人除了心中那个用来装怒气的瓶子要更大一些之外，丰富的阅历也给他们带来了睿智而冷静的头脑。凭借这样的头脑，他们总能用幽默含蓄而又不失风度的方法给对方最猛烈的反击。

在国际政治的角逐中，伟大的周总理总是遇到恶意的羞辱和赤裸裸的挑衅，但风度翩翩，儒雅睿智的他总能用风趣的回答让对方无言以对。

曾有人不怀好意地问周总理："尊敬的总理先生，我想请问您，为什么在你们中国把人走的路称作马路呢?"周总理微微一笑，回道："因为我们走的是马克思主义道路，所以我们的路叫马路。"这人心里不甘，非要羞辱周总理不可，又问："那么我想请问您，为什么我见到的美国人都是挺胸抬头的，而我见过的中国人却大都弯腰驼背呢?"周总理想了想说："走下坡路的人才会挺胸抬头，那些走上坡路的哪个不是弯腰驼背。"这人无言以对，只好愤愤不平地离开。

无论是在哪里，无论你从事哪个行业，总少不了和各种各样的人打交道。世上的人熙熙攘攘，不是每个人都能做到与人为善，总有一些不怀好意的人，突然出现在你眼前，甚至莫名其妙侵犯你。这些人最容易让你动怒，但这种人其实是最不值得与他动怒的，他不过是个路人，擦肩而过之后彼此再无交集，何必为了一时半刻的侵犯而大动肝火？

如果我们无法用睿智的头脑，委婉地予以反击，不妨选择忽视，或者跳出当事人的视角，从旁观者的角度来看待这件事情。此时你会发现自己被激怒的样子真的很丑陋也很愚蠢。如果你忽视对方的挑衅，你会发现挑衅你的人如跳梁小丑一般滑稽可笑。

这个世界上从来都不缺看笑话的人，别轻易被激怒，别让挑衅你的人和看笑话的人得逞。

2. 小事一桩，何必怒上心头

英国著名作家本杰明·迪斯雷利曾说："为小事生气的人，生命是短暂的。"

人的一生本就短暂，何必浪费大把的时间去因小事而生气。无论中医还是西医都一致地认为生气会影响人的健康，所以不管怎样，生气都是一笔亏本的买卖，因小事而发脾气更是如此。

平日里我们没少因小事而生气，或针对自己，或针对别人。早起匆匆跑到公交站却错过了最及时的那趟公交让我们咬牙切齿，气得直跺脚；公司里同事的无心之失让我们憋着满肚子的怒气无处发泄；回到家又会因为伴侣儿女的行为而生气；走在路上，路人的摩肩接踵，磕磕碰碰也让我们心生怒火；隔壁邻居传来的声音也让我们不能忍受……

如此说来我们无时无刻不在生气，哪还有心思工作和生活，生气就占据了所有的时间，耗去了所有的精力。每个人都知道，以上所提到的那些事情根本不值得去生气，但当真的遇到了这些事情，却又忍不住去生气。

我们因为小事而生气全都是因为“忍不住”。

老黄两口子经营着一家小超市，他们家超市的对面是一家面馆，生意火爆，经常有人把车停在老黄家超市门口去对面的面馆吃饭。这时候老黄的妻子总会生气地说一句：“不买东西，不给钱，还想免费停车！”

这天迎面驶来一辆奔驰车，眼看着就要开到老黄家超市门口了，老黄的妻子又不开心了，正准备开骂。哪想车上下来的人走进了超市，买了一包中华烟。这人离开超市后果不其然，向着那家面馆走去。

此时正是饭点，老黄的妻子知道这人一时半会排不上号，就追出去朝着奔驰车主喊：“老板，麻烦你把车子移一下吧，你的车挡在我家店门口了。”这人回头给了一句：“没事，我吃碗面就出来了，不耽误你做生意。”

老黄的妻子听了不由心中生出一团怒火，心想：什么叫不耽误我做生意，就是看不起我们小生意人呗。她追出去大吼：“你什么意思啊，看不起我们小商小贩是吧，开奔驰了不起啊，你快挪开，这地现在归我们支配。”奔驰车主听老黄妻子说得难听就与她对骂起来。

老黄在后面仓库闻声赶来，见两人越吵越凶，周边甚至围了一群人在看笑话，赶紧去劝阻。老黄拿出中华烟塞到奔驰车主手里连连道歉，这才缓和了局势。

回去后老黄对妻子说："哪能因为这点小事就跟人家生气啊，咱们开门做生意讲究和气生财。你说，让周边的居民听见咱们不允许顾客在店门口停车，都以为咱们是什么样的人啊，以后谁还会来咱家买东西。"妻子听完心中一阵后怕，为今天的行为懊恼不已。

小的事情，不用多大的智慧去解决，忍一忍就好了，更没必要因此而动怒。忍不住，说到底还是没有一颗容人之心，容不下别人的丁点错误，容不得别人侵犯自己的丝毫利益，有的时候甚至会见不得别人好。

年少轻狂的时候遇到了事情总会说"我再也不……""凭什么让我吃亏""别看他现在风光，指不定哪天就遭殃了"，这都是不能容人的表现，每一次不肯原谅别人时自己都会动怒。随着年龄的增长，见识的增加，渐渐明白了"量小失众友，度大集群朋"的道理，就会要求自己去大度、去容人，这时候就不再容易动怒了。

很多时候多给别人一次犯错的机会，多一点谅解，也许就能创造一种美好。

一位老妇人多年来和丈夫的感情一直都很好，在他们夫妻金婚的那天，老妇人把婚姻的幸福秘诀告诉了到场祝贺的亲友。当初结婚的时候，她准备罗列 10 条丈夫的缺点，并暗自决定，无论丈夫犯下哪一条，她都要原谅丈夫。

亲友们纷纷问这 10 条缺点具体是什么，她却说："我没有列出来，每次他犯了错我都告诉自己，丈夫犯的错在这10条之内，然后我会遵守当初的诺言原谅他，这就是我婚姻幸福的秘诀。”

人无完人，谁都难免会犯点错误，过分地追求完美，生活将难以进行下去。如果妻子当初把10条缺点都罗列出来，丈夫一生中犯下的错总会有不在这10条缺点之内的，这时妻子将不再容忍。不容忍的结果就是愤怒和吵架，一辈子那么长，妻子势必会经常与丈夫争执，这样婚姻就成了一种折磨。

对待生活最好的态度就是睁一只眼睛闭一只，诗歌《莫生气》中说：人生就像一场戏，因为有缘才相聚，为了小事发脾气，回头想想又何必。每一个在生命中出现过的人都是命运的安排，两个人出现在同一时空之下，或因为感情，或因为事业，总之都是以一种互相依赖的方式共存。因小事而动怒会毁掉一段感情，也会失去一个帮手，有的时候多给别人一些谅解也是多给自己一条退路。

3. 不在外面和人发生无谓的冲突

《大戴礼记·子张问入官篇》中有言：“水至清则无鱼，人至察则无徒。”这是说做人不能过于苛刻，对亲朋好友如此，对陌生人更应该如此。

胡老板在某高档酒楼宴请客户。几个人围坐在一起聊得很投机，照着这样的状态下去合作很容易谈成。

这时服务员开始上菜了，这位服务员是一位小姑娘，她双手端着托盘小心翼翼地向桌边走来，走到胡老板跟前时一不小心汤汁洒出来一点，正好滴在了胡老板的裤子和鞋子上。小服务员顿时慌了，放下菜品赶紧向胡老板道歉，一边道歉一边拿纸巾帮胡老板擦去裤子和鞋子上面的汤汁。

胡老板却不乐意了，先是狠狠骂了服务员一顿，说什么“我这裤子和鞋子加起来能顶你半年工资，你擦了也没用。”小姑娘急得哭了，胡老板又找来酒楼的经理，让他“看着办”，最后经理只能答应胡老板今天的饭菜全部免单。

经过这么一闹，客户也没有心情吃饭了，更没有心思谈什么合作了，几个人草草吃了两口就散了。第二天胡老板接到了客户打来的电话，电话里客户决定终止合作，客户给出的理由让胡老板一头雾水：我们无法接受不懂得让步的合作伙伴。

退一步想，这样的冲突完全没必要，反而会损害自身的形象和利益。洒在裤子和鞋子上的汤汁洗掉之后，也许很难再想起那位服务员，既然只有那短短的一瞬间有交集，又何必咄咄逼人？人活着并不单纯为了利益，名声和人缘也很重要，因为点滴小事而与擦肩而过的人为难是涵养缺失的表现，这样的人会惹来一片骂名，谁愿意与这样的人共处呢？

我们经常讨论“见义勇为到底应不应该去做？”“马路边上摔倒的老太太究竟敢不敢去扶起来？”这些本是理所应当不容置疑的事情现在竟成了讨论的话题。这些人让这个社会丢失了最基本的信任，人与人之间没了信任还谈什么美好呢？

在网上看到这样一则新闻：某地一位老大爷被出租车撞倒后，见出租车司机满脸惊恐，他站起来觉得身上并无大碍，拍了拍身上的灰尘说：“你别怕，我没事，咱不讹人。”老大爷的举动让无数网友称赞，争相转发。后续采访中老大爷说了一句：“我天天看新闻，看见个别老人讹人的新闻非常气愤，那都是啥人啊！净给我们这些老人脸上抹黑。”

我们先要为老大爷这种明事理的举动竖起大拇指。但回过头来想想，这不是每个人都应该做的事情吗？每个人曾经历过“上有老下有小”的压力，每个人也都会年老体衰。老人为难年轻人不就是在为难当年的自己吗？反过来也是同样的道理，宽容别人有的时候就是在宽容自己。

懂得不在外面与别人发生无谓的冲突虽然算不上大智慧，但做到的人总是能收到别人的称赞，这不是远远胜过在冲突中争到的蝇头小利吗？

“仁义胡同”的故事在民间广为流传，虽然当今世上流传着多个版本，但故事的核心观念从来都没有变过。

某人官至宰相，一天收到了一封家书，原来家中正在盖房子，有意思的是邻居家也在修葺房屋，两家人因为三尺地产生了纠纷，家里人无可奈何就想让这位当朝宰相出面解决这个问题。

宰相收到信后大笔一挥，写了一首打油诗就寄回去了。信中写道：千里家书只为墙，让他三尺又何妨。万里长城今犹在，不见当年秦始皇。家中人收到信后幡然醒悟，主动避让三尺，邻居见状也不好意思再争执，也避让了三尺。两家之间形成了一条宽六尺的小巷子，方便了村里人通行，皇帝知道后亲笔题词“仁义胡同”。

不在外面和人发生无谓的冲突，考量的是一个人的度量，也能体现出一个人的眼界，斤斤计较、得理不饶人的人眼中只有蝇头小利，他们看不到自己背后失去的信誉和惹来的骂名。这样的人不仅不能成就大事，甚至日常小事也总处理不好，因为他们不懂得孰轻孰重。

社会角色总在互相交换，忍一时风平浪静，退一步海阔天空，也许此时你让出的一步会让日后的你不那么难堪，与人方便就是于己方便。

4. 生气，是拿别人的错误惩罚自己

德国的哲学家康德说："生气，是拿别人的错误来惩罚自己。"这并不是哲学家抽象的概括，而是有着实实在在的科学依据。

美国"网络医学博士"网站和美国"关爱网"等多家媒体近日综合相关研究发现，生气不仅会伤及心肝肺等人体重要组织器官，而且会增加癌症和猝死的概率，缩短预期寿命。具体而言，生气会损伤人的心脏、肝脏、肺脏以及肠胃，生气会让伤口愈合的速度变慢，还有致癌的风险。甚至有研究发现生气有可能导致人的猝死和寿命的减少。

人很少会因为自己而生气，大多数的时候是因为别人的错误而生气。既然错不在我，我又何必生气，白白承受不必要的折磨。当别人的错误侵犯到自己时，独自生闷气于问题的解决没有丝毫帮助，反倒打破了自己平和的心态，让事情进一步恶化。

郑大妈在路边经营着一家小超市，一直以来生意都很不错。

但最近旁边又开起了另一家超市，这家超市开张后频频搞促销，让郑大妈流失了一大片顾客，生意日渐惨淡。郑大妈想着他们闹腾不了几天，也就没当回事。

过了一段时间，这家超市仍旧在价格上针对郑大妈的超市，每样东西都便宜一点，不多不少，就那么一点点。郑大妈无可奈何也只能降价了，可对方竟然在门口请来两个发放传单的妇女，每当有人路过这里时这两位妇女就尽量把人往自家店里拉。郑大妈忍无可忍就站在对方的店门口大骂起来。

超市老板也不是什么善茬，就和郑大妈对骂起来，骂了半天引来一大片居民前来围观，最后也没争出个对错高低，只能不了了之。

回家后郑大妈咽不下这口气，就找来自己的两个儿子，让俩儿子晚上偷偷地把新开那家超市的门给砸了。第二天早上郑大妈看到隔壁的超市不仅门被砸了，店内商品也被抢得一点不剩，顿时慌了。

超市老板报了警，凭着店内的监控设备警察知道砸门的是郑大妈家的俩儿子，最终店内的一切损失都得由郑大妈来赔偿，俩儿子还得被拘留几天，郑大妈一气之下就生病了。

有时候我们已经在道义和事理上牢牢地站住了脚，能清醒地明白错不在自己，但仍然无法控制自身的怒火，说到底还是心中放不下那点利益。

要相信冥冥之中自有一杆秤，一切得与失都会得到平衡，那些作恶的自会有人让他尝到报应。对我们而言，能做的就是放平心态，别因别人的错误而大动肝火，身体是革命的本钱，气出来的病是最冤枉的病。你看，你被气得心力交瘁，对方却依然手舞足蹈，换个心态，任别人怎样作恶，我只保持一个平和而友善的心，要相信这个世上没有化不开的冰。

夏小姐在一条繁华的街道上新开了一家服装店。店内的服装款式新颖，价格合理，刚开业就吸引了很多人，这引起了旁边两家店老板的妒忌，他们商量着联合打压一下夏小姐。

他们商定每天推迟半小时关门，关门后把店里店外的垃圾全都堆到夏小姐的店面门口，神不知鬼不觉。夏小姐第二天早起，来到店门口时见到堆满的垃圾先是大吃一惊，随后就意识到了是有人在故意整她。她本想大骂一场，转头一想，骂人有什么用啊，还不是让自己白白生了一肚子气。

她决定把这些垃圾清理掉，继续开心地做生意。这样的事情隔三差五地发生，夏小姐一如既往地忍着。有一天，对面商店的刘姐来夏小姐店里串门，说起了这件事，并偷偷向夏小姐透露了做坏事的人，夏小姐却说："没事，反正每天都要打扫，多一点没关系，在我们老家垃圾都舍不得往外扫呢，垃圾象征着财运。"

后来刘姐把夏小姐的话告诉了做坏事的两位店主，他们大感惭愧，以后不再这样做了。一天夏小姐突然小腹剧痛，剧烈的疼痛让她满头大汗，难以站立，当初做坏事的一位店主正好经过夏小姐店门口，见夏小姐神态异常立马冲进来，并在第一时间把夏小姐送到了医院，他们去医院后另一位作恶的店主帮他们照顾着店内的生意。

夏小姐被确诊为急性阑尾炎，如果再迟一步就有生命危险了。

同样的事情用不同的态度去处理会有不一样的结果，愤怒地去对待别人也会被愤怒地对待。人的承受能力毕竟有限，当愤怒叠加在一起后很容易超过我们所能承受的范围，进而影响到身体健康，与其让事情进一步恶化不如换一种心态去对待，对他人多一些容忍，就是对自己多一些关爱。

其实现实生活中没有那么多像电视剧里那样彻彻底底的坏人，大多时候，你用一颗赤诚善良的心去对待别人，就能唤醒对方心中的善良，彼此温柔相待就能产生美好。无论任何时候，生气都是最愚蠢的行为，没人会因为你的生气而改变什么，生气只能让自己难受，每当想要生气时都要告诉自己：生气，只是在拿别人的错误来惩罚自己。

5. 不在意别人的评价，就不会徒生烦恼

在这个人言嘈杂的社会，无论你做什么、怎样做，总会有人在背后指指点点，褒贬不一。别人说得中听了你洋洋自得，别人说得难听了你就面如土色。其实，自己的事情何必因为别人的评价而或喜或悲。你要知道最终为你买单的仍旧是你自己，过分在意别人的评价只会徒增烦恼。

祖孙俩牵着他们的毛驴去赶集。刚出村口就听见村民们在一旁指指点点：“这老头怕是老糊涂了，放着毛驴不骑，自己走路去赶集。”老头子听了赶紧扶着孙子骑上驴，他在前面牵着，向集市走去。

走了一会儿，路上的行人渐渐多了，骑在驴背上的孙子听见有行人在议论：“这孩子真不孝顺，爷爷都那么大岁数了还让老人家走路，他倒好，悠闲地骑着毛驴。”孙子听后赶紧从

驴背上下来，招呼爷爷骑驴。可没走多久，另一群路人却说："这孙子怕不是亲生的吧，你看，当爷爷的都忍心让小孙子走路，他骑驴，哈哈。"老人听罢只好让孙子也骑上驴。

快走到集市的时候人们见到祖孙俩同骑在一头驴子上又是一阵议论："这祖孙俩是想把这头小小的毛驴累死吧，这么小一头驴子哪能承受两个人的重量呢?"祖孙俩无可奈何只好找来扁担绳子，一起挑着毛驴去赶集。

这世上的事情，除去那些大是大非，大部分的事情并没有明显的对与错。每个人的经历不同，对同一件事情会形成不同的看法，所谓众口难调，无论是谁，都很难做到让所有人满意，有赞美的就少不了诋毁的，这本是最为常见的一种现象。过分地在乎别人的评价就是丢了主心骨，当你按着别人不同的标准去要求自己时，就会造成行动无法继续。

你用怎样的方式生活只与自己有关，或是开心或是伤感，别人都不能夺走一丝，也不会分担一点。想要做什么、想要怎样做，去做就是了，不要过分在意别人的看法。每个人都有选择自己生活方式的权利，每一件事情都不止一种成事的办法，跟着自己的心往前走，快乐就好，相信只要走下去，总能走到想去的地方。

小亮刚入职的时候跟公司里的同事都处得很好，新同事间互相帮助，老同事也会毫无保留地把自己的经验传授给新人。这样的氛围让小亮信心大增，鼓足了劲要在这个公司好好干下去。

但没过多久领导就找小亮谈话了，领导说："听不少老同事反映，你有一点自傲呀，年轻人有能力有野心是好事，但要学会谦卑啊。”小亮听完后出了一身冷汗，他开始反思自己的一切行为，并在日后尽量谦卑一点。

他的改变效果明显，越来越多的老前辈喜欢他。但没过多久领导又找他谈话了：“小亮啊，我看你平时总是独来独往，跟同事们融不到一起可不行，我打听了一下，同事们都说你有点孤僻，你要稍微注意一下，毕竟公司是一个团队。”

这次小亮没有再出冷汗，更没有反思自己，之前的改变已经让他精疲力竭了，既然同事们都不喜欢他的性格，说明这个集体不适合他，他只好辞职。

后来在新的公司里小亮如鱼得水，他的性格领导同事都十分欣赏，低调务实的作风，独立自主的性格让他在公司里很快就有了自己的一席之地。

“别人的评价”真的是一件难以处理的事情，最好的办法就是随便听一听，始终如一地坚持自己。讨厌自己的人没有必要去迎合，你的迎合会让他们更加看不起你，喜欢自己的不需要去拉拢，能拉拢过来的都不是真的喜欢你。人活着最重要的就是坚持做自己。

大自然因为缤纷的色彩而美丽，人类文明因为有不同语言不同肤色的人种而繁荣，这个世界因为不统一而格外精彩。既然做不到统一，不如做个纯粹的自己，每一种人都有其独特的魅力，相信总会遇到欣赏你的人。

很多时候要相信真理往往掌握在少数人的手里，那些做出一定成就的哪个不是受尽了怀疑，受尽了非议，但他们不为所动，一如既往地坚持。最后用铁一般的事实狠狠地给了当初那些质疑者一巴掌。正如梁启超在《李鸿章传》中说的：

天下惟庸人无咎无誉。但凡优秀而杰出的人，哪一个不是毁誉参半。

以平常心去看待别人的评价，不因别人的怀疑而患得患失，也不因别人的赞许而洋洋自得，自始至终都在心里握紧方向盘，拿起一杆秤。别人说得有道理就虚心地去接纳，而面对那些恶意诋毁的谣言，大可一笑置之。

6. 不和无谓的人争辩

永远不要和无谓的人争辩，因为争辩的最终结果，极有可能既浪费了我们的时间和精力，还损失了颜面。世上有太多事不关己却又喜欢指指点点的人，此时我们要冷静，要知道每个人都有说话的权利，悠悠之口又怎么堵得住；要知道他们只是顺口一说，我们没有必要去较真；要知道，只要是争辩，就无所谓输赢。

长期在北京漂泊的小艺过年回家了，亲戚朋友过来串门总打听她在外面的生活。一家人在舅舅家聚餐，酒足饭饱之际舅舅又问起了小艺在外的薪水，小艺只能如实相告，舅舅听完后却给小艺算起了账，除去住宿、吃饭、出行、社交等费用后，薪水基本所剩无几啊。

喝酒有点上头的舅舅一边算账一边点评当下年轻人“不够务实”的毛病。还说：“要我说啊，这大学就不应该读，花了那么多钱不说，还白白浪费四年光阴，到头来还不是找不到工作，高不成低不就的。”说完还不忘再举个身边的例子，“咱们老家那个虎子，初中读完就不读了，早早地跟着师傅学修车，现在大把大把地赚钱，年前在市里搞了一套房子。”

小艺向来不肯服输，就向舅舅解释起了自己的工作。小艺上班的公司是一个面向全国的新媒体大号，里面人才汇聚，名校毕业生云集，甚至还有“海归”，与这些人在一起能接触到很多不一样的东西。工资少又怎样，够生活就行了，重要的是以后的发展……

没等小艺说完，舅舅又补了一句：“有什么用呢？最后不照样还得回来嫁人，哈哈。”小艺顿时气得扔了筷子就走，大过年其乐融融的气氛也被破坏了。

世界这么大，每个人都有自己的生活方式，也都会有不同的价值观念，却偏偏总有人用自己的价值观来衡量别人的生活。那种带着浓浓个人特色的点评让人难以忍受，脾气暴躁的人总忍不住上前为自己辩解一番。

大部分的争论就像辩论赛那样，论点没有明确的对错。双方吹胡子瞪眼地争个面红耳赤血压升高，最后仍旧说服不了对方，世上的很多事情本就是公说公有理，婆说婆有理。况且就算你能把对方说服又怎样，本杰明·富兰克林说过：“倘若你经常跟他人抬杠、反驳他人，与他人争论，或许偶尔可以取得胜利，但那仅仅是空洞的胜利罢了。因为你永远赢得不了对方的好感。”

与无谓的人争辩只能说明你的气量小，气量大的人知道人生在世哪能不被别人说三道四，这本是最常见的现象，一笑置之就好。

两个刚毕业的小伙子找到工作后就着手租房子。他们找到一所离俩人公司都很近的空房子，水电方便，采光通风都很好，俩人二话没说就签了租房合同。

就在他们入住后的第二天，一位小伙子就怒气冲冲地找到了房东，小伙子拿着合同质问房东：“合同上明明写着30平方米，你这房子根本就不够30平方米。”房东却回道：“你说不够就不够？”小伙子拿来尺子一点一点量，一步一步算，果然，房子只有27平方米。

房东被逼急了说：“你怪谁，当初签合同的时候你不看好了，现在才来说，晚了！”小伙子不服输，扬言要投诉这位黑心的房东，房东一怒之下说：“你到底住不住，不想住就搬出去，在这个地方最不缺的就是租房子的。”

正在双方争执不下的时候，另一位小伙子回来了，他赶紧劝解，然后好言向房东道歉才平息了这场风波。事后他对自己的同伴说：“你跟他争有什么用？合同都签了，咱也没打算换房子，你把他得罪了，以后指不定怎么整咱俩呢！”这位小伙子转念一想，忍了回去。

大部分的争执都是无意义的争执，争执改变不了已经发生的事情，更左右不了还未发生的事情。与那些无关之人的争执更是如此，大多数情况下他们只是习惯性地顺口一说，并不带有任何观点，他们既不是当事人，也不能左右事情的发展演变，何必跟他们辩解，让他们去说吧。

世界上有形形色色的人，我们无法改变每个人的观念，也无法要求别人都尊重我们的看法，但我们有权利选择无视他们的流言蜚语，不和无谓的人做过多的辩解。这并非退缩与忍让，而是我们知道一颗强大而自信的内心经得起任何言论的考验，只有铁一般的事实才能让那些人闭嘴。

村上春树说："世上存在着不能流泪的悲哀，这种悲哀无法向人解释，即使解释人家也不会理解。它一成不变，如无风夜晚的雪花静静沉积在心底。"世上真正懂你的本来就不多，何必为那些无关紧要的人多费口舌。

7. 被误会，也不急着立刻辩驳

为人处世有一条最基本的原则：即使被误会了，也不要急着去辩驳。

老王在公司里算是一位资历较深的老员工了，一天他被叫到领导的办公室，领导二话没说，劈头盖脸就是一顿臭骂："工作这么久了还会犯这种低级错误，还不如个新来的。知不知道为什么这些年来你一直没有升迁，就因为你的不认真，公司才没敢让你负责项目……"

领导越骂越难听，声音还越来越高，整个办公室的人都停下了手中的工作，静静地听领导骂。这时办公室突然传来一阵响亮的拍桌子的声音，桌子是老王拍的，老王开始针锋相对地回骂，同事们听了半天终于听明白了事情的原委。

原来这件事情的错误并不出在老王身上，犯错的另有其人，跟老王可以说是毫不相干，但老王不够认真却是确有其事。正在气头上的领导见下不了台就骂老王态度不端正，老王回击领导不能秉公处理，双方争执不下，最后被领导的秘书劝解开来。

事后老王和这位领导彻底闹僵了，两个人的不和影响到了整个团队，公司的高层没办法只能把老王调到别的部门。

当我们被人误解时下意识的反应是马上去为自己辩解，自己明明没有错误，却被误解，这多冤枉啊！但辩解需要分清时机，当别人理直气壮地指责你时，对方正处于情绪剧烈波动的时期，如果此时马上做出辩解，在对方看来，这并不是在合理地维护自己的利益，而是一种挑战，是一种反击。

此时对方仍旧没有意识到自己的错误，他把我们的辩解当成了纯粹的反击，不由大怒。我们明明没有错却被冤枉，还要承受对方的怒火，这更让人难以理解，针锋相对的局势就形成了。

站在有理一方的我们理直气壮地让对方更加难堪，下不了台。当然，在这场争执中对的只能是占着道理的我们，但在成年人的世界里对与错从来都不是最重要的。因为这场争执我们可能与对方产生难以调解的矛盾，如果对方是上级领导，重要的合作伙伴，朋友，最后输的还是我们自己。

真正睿智的人面对冤枉时从不会急着为自己辩解，他们明白，咆哮式的辩解不如让事实说话。此时急着辩解，就算能赢一时，输掉的人也未必心服口服，逐渐产生隔阂，正所谓“得不偿失”。

辩解讲究一定的方法和时机，在职场中更是如此，领导在同事们心中的权威很重要，即便是误解了你，也不能立马就去针锋相对。如果你心中不甘，不妨告诉自己：“他拿着我的饭碗，我忍让一下又怎样？”

事情有大小之分，在不同的事情上应对的措施是不一样的。

一件小事，即使领导误会了你，也不能立刻就去争执，这样很容易被领导看成没有气量，与其争执不休，不如等事情过后用事实来说话。而在大的事情上，辩解也要选择正确的时机。要在领导的心情平复之后，单独找到领导，为自己澄清。任何时候，领导都不会在公众面前对一个下属承认自己的错误，所以，单独的空间很重要。

当然，澄清的时候也不能用居高临下的态度去指责领导的过失，这时，如果你的态度过于强势，则会被误认为在无事生事。最好的办法就是以认错为切入点，先真心诚意地检讨自己，认错可以缓和两个人在一起的气氛，安抚领导的情绪，然后用委婉的方式，平缓的语调，把事情说明白。其实，在这个时候领导往往已经知道了事情的真相，你的冤屈他心知肚明，此时以认错的姿态站在领导面前只是为了缓和彼此间的冲突，消除争执过后产生的隔阂，保证以后工作能不受影响。

最重要的一点是事情过后就一笔勾销，千万别再提起。职场上，一个最大的忌讳就是记仇，当初有过的争执，即便是和解了也会在双方心里留下阴影，这成为彼此之间难以触摸的痛处，平日里为了工作可以彼此安好，风平浪静，但你永远不会知道当初的争执到底给对方造成了多大的痛，能彻底和解最好，如果做不到，最好的方式就是不再提及。

每个人的眼光都会有局限性，被人冤枉也是常有的事情，别急着去辩解。相信时间，相信正义，一切是非曲直最终都会呈现在朗朗乾坤之下，到时候谁是谁非人们自有评说。

8. 关于流言，能救你的只有“按兵不动”

佛家有言：“何以息谤？曰：无辩。何以止怨？曰：不争。”

能言善辩最多只能做到舌战群儒，在浩浩荡荡的流言面前就显得苍白无力了。天下人的悠悠之口靠堵是堵不住的。在时间的长河中，一切虚假的粉饰都会被冲刷得一干二净，时间总能还原一切，给人呈现最本真的东西。

关于流言，最好的办法就是“按兵不动”。

曾经有一位禅师，非常有德行，在他修行的寺庙不远处住着一户农民。

老农的女儿正是少女怀春的年纪，她和当地的一位小伙子偷偷地相爱了，两位年轻人把持不住发生了男女暧昧的关系，姑娘怀孕了。

老农得知后非常生气，自家闺女还没嫁人就有了孩子，这让老农如何见人。在气头上的农夫逼问女儿与她暧昧的男子是谁，姑娘怕讲出来后自己的男朋友会被父亲打死，她死活不讲。父亲一直逼问，她没了法子就说孩子是附近庙里禅师的。

父亲大怒，拿着农具就冲进了寺庙，见到禅师二话不说就是一顿痛打，好在被庙里的和尚拉开了。这时禅师问：“老施主为何打我？”老农咬牙切齿地把知道的事情同禅师都讲了，禅师听后本想辩解，但转头又想到了要顾及姑娘的名节，便忍了下去。

后来，孩子出生后就立马被送到了寺庙里，禅师从此就做起了孩子的保姆，每天抱着孩子四处化缘。所到之处受尽了当地人的辱骂，但禅师背着“花和尚”“风流和尚”的骂名一直在抚养这个孩子。

过了几年，姑娘到了出嫁的年龄，当初那位小伙子也攒下了一笔钱，便到农夫家去提亲，这门亲事很顺利就成了。两位年轻人结婚后把当初关于孩子的事情告诉了老农夫妇，老农得知真相后带着全家人到寺庙里给禅师道歉。

禅师也没有多说话，只简单地说：“孩子是你们的，赶紧抱回去吧！”一家人被禅师的行为感动，不由噗通下跪。

每个人的身边多多少少会有一些流言蜚语，它们无孔不入，无处不在，就像在耳边飞来飞去的苍蝇。苍蝇不会对人造成很强的伤害，它不过是在人耳边嗡嗡作响招人厌烦罢了，流言也是如此，老话说：“平日不做亏心事，半夜不怕鬼敲门。”只要自己内心坦坦荡荡，再多的流言蜚语也不会对我们造成伤害。

面对流言，躲避是行不通的，你的躲避会让别人更加确信传言。既然它已经存在了，不如大大方方地去接受它，当然，接受不是承认。当你接受了它的存在，那些恶意造谣的人就像铆足了劲却一拳打在了棉花上，毫无意义，他只好就此作罢。

身处流言最重要的是忍耐，“忍”和“耐”是两个不同的概念。“忍”要求我们扛得住一时的折磨，不为所动，而“耐”要求我们要有耐心，相信时间的力量，相信时间会让一切流言都不攻自破。

美国传奇篮球明星阿伦·艾弗森的身高只有 183 厘米，体重也只有 75 公斤，而篮球是一项身体对抗非常激烈的运动。美国职业篮球赛作为全球最高水平的篮球联赛，对抗程度更是可想而知。

当瘦小的艾弗森站在赛场上时，流言蜚语就一直伴随着他。有人说他在球场上的工作就是把传到手里的球再好好地传出去，得分什么的就不要想了。但艾弗森用整个职业生涯拿到了四个得分王和一个常规赛最有价值球员奖。

有人说艾弗森是球队里的“毒瘤”，辱骂队友，挑衅教练。2001 年时他却几乎凭借一人之力带领着 76 人队打进了总决赛。这时又有流言说他们将以全败的战绩被横扫出局，系列赛的第一场，艾弗森以单场 48 分的超水平发挥拿下了比赛。

后来又有人说他算不上伟大的运动员，但在 2016 年，艾弗森被评选进入了篮球名人堂，这是球员退役后所能获得的最高荣誉。

能忍耐的人最值得敬佩，不管当初他经历了什么，最后他收获的是掌声和尊敬。流言蜚语最考验一个人的气度和心性。意志坚定的人容得下污蔑，陷害，不管外面是怎样的风言风语，他都能从容不迫，安然自得。

面对流言，不用急着去争辩，也不要急着去证明，“忍得一时之气，免得百日之忧”，真正问心无愧的人从来不怕时间的检验，按兵不动才是制胜之法。

第五章

盛怒之下，忍一时之气得长久宁静

1. 情绪失控是一件很可怕的事儿

不知从什么时候开始，不能控制自己的情绪成了我们最为致命的弱点。约翰·弥尔顿说：“一个人如果能控制住自己的情绪、欲望和恐惧，那他就胜过国王。”很多时候我们不是输在了其他地方，而是输在了不能控制自己的情绪，在坏情绪的支配下，我们败得一塌糊涂。

李治是某销售公司的副总经理，临近老父生日，他和老婆商量，给身在农村的老人买点礼品，再送点钱让老人平时开销。李治想，平时长期在外工作，一年才回家一次，老人生日不能过去就多寄点钱回去吧。老婆却不同意了，老婆认为每年回家留给父母的钱足够两位老人日常花费了，父亲生日意思到就行了，何必给那么多，何况最近夫妻俩也不宽裕。

俩人商量着就吵起来了，李治一怒之下摔门而出，走在路上还在为此事愤愤不平，心情一下子糟糕透了。

他带着一肚子的怒气来到了公司。在办公室他看见工程部的经理程东正和下属们聚在一起说说笑笑，李治的胸中再次涌起一团怒火，大吼：“程东，公司高薪聘请你是让你来讲笑话的？”

程东吃了一惊，平时领导都叫他“程经理”，今天却直呼其名，看来领导真的是生气了，他赶紧辩解：“老大，我是在安排今天的工作。”“谁是你老大，你以为公司是黑社会啊？”李治愤怒地回道。

这时程东心中也恼火起来：“平时不都这样叫的吗？况且我真的是在安排工作。”他心中不甘就和李治顶撞起来，俩人越吵越凶，谁都不敢上去劝解，场面一时难以控制，程东一怒之下提出了辞职，正在气头上的李治也没有挽留。最后程东辞职了，走的时候带走了几个骨干职员投奔到竞争对手门下，处处和李治作对。

人的情绪总是波澜起伏，瞬息万变的，左右情绪的是自身遭遇的事情。我们可能会因为天朗气清而情绪高昂，也会因为妻子的几句话而冲动，同事的一些言行也可能会让我们勃然大怒，总之心情在遭遇中不断变化着。

遭遇到怎样的事情我们无法控制，甚至很多时候总是一连串的闹心事接连发生，这使我们的心情一步步变得糟糕。糟糕的情绪是会叠加的，而人的承受能力终究有个限度，当突破了这个限度，人的意识就会彻彻底底地被情绪所支配。

冲动是魔鬼，当情绪支配了我们的意识的时候，我们就被“魔鬼”控制了。情绪支配下的我们失去了理智，变得暴躁易怒，这时候往往会做出一些荒唐甚至恐怖的事情。

2017 年，武昌火车站某面馆发生血腥杀人事件，事情的起因是店主和顾客为了一碗面的价格争执不下，最终顾客胡某情绪失控酿成惨案。

扬州一六岁男童失踪，家人四处寻找无果，最终报警，报警过程中男童的母亲曾阻止过家人寻找。后警察找到男童时孩子已经丧命，初步查明，孩子是母亲在管束过程中因情绪失控而将其杀害。

一个个滴着鲜血的惨案触目惊心，情绪失控正严重地威胁着我们的生活。很多人习惯性地把情绪失控的原因归咎于遭遇过的闹心事，却忘了人是可以管理自己的情绪的。

加州大学的一项研究指出：我们许多人都仅仅是将自己的情绪变化归之于外界发生的事，却忽视了它们很可能也与你身体内的“生物节奏”有关。我们吃的食物、健康水平及精力状况，甚至一天中的不同时段都能影响我们的情绪。

其中一位教授曾做过这样一个实验，他在一段时间里对125名志愿者的情绪和体温变化进行了记录和观察。教授发现，当人的体温在正常范围内且处于上升期时，他们的心情要更愉快，此时他们的精力也最充沛。

这位教授认为：一个人的精力在一天开始的时候是处于上升期的，午后则会有所下降，坏的事情并不总能让你心情不好，人的情绪在精力最差的时候才最容易被影响。

要想控制好自己的情绪，保持充沛的精力很关键，其次要明确地认识到情绪低落的原因，找到原因才能对症下药，合理地管理自己的情绪。

最重要的一点是要学会放松，放松能让人恢复理智。放松的方式多种多样。相关研究表明，亲近自然有助于心情愉悦和开朗。著名歌手弗·拉卡斯特说：“每当我心情沮丧、抑郁时，我便去从事园林劳作，在与那些花草林木的接触中，我的不快之感也烟消云散了。”即使没时间常去户外运动，站在窗前看一下外面的青草绿树也会让人心情舒畅。

除此之外，运动也是驱除不良情绪的最佳利器，哪怕只是散步，也会让人紧绷的神经和糟糕的心情得到缓和，效果立竿见影。

坏情绪每个人都有，不同的是有的人做了坏情绪的主人，有的人却沦为坏情绪的奴隶，能控制住坏情绪的人也能把控整个人生。

2. 别在愤怒时候做决定

曾有心理学家经研究发现，人在愤怒的时候智商是最低的。处在愤怒中的人会丧失最基本的判断，更不会去分析核实，愤怒中做出的决定90%都是错误的。

这是一个真实的故事。男子在结婚之前花重金在青藏高原的藏民手中买回一只藏獒幼崽，婚后年轻夫妇共同喂养这只藏獒，藏獒聪明忠诚的性格让夫妻俩都喜欢上了这只有灵性的生物，渐渐地把藏獒当成了家里的一位成员。

后来妻子死在了分娩的手术台上，为男子留下一子，从此男子与儿子和狗相依为命。儿子渐渐学会了走路，需要有人常陪着，男人忙于工作抽不出时间，大部分时间都是藏獒在陪孩子。

一天男子下班回家，看到藏獒嘴边沾满了鲜血，眼神一反常态地寒冷逼人。男子赶紧冲进屋子，里里外外找不到儿子的踪影，男子断定是眼前这个畜生吃了他的儿子。愤怒的男子抄起手边砍柴用的斧子就冲着藏獒砍去，藏獒也不躲避。被砍得疼痛难忍的藏獒嘴里发出了哀嚎。

这时儿子听到藏獒惨叫，从藏身的衣柜中跑了出来。男子看到儿子后大惊失色，随之便是深深的懊悔，儿子带他来到后院，一条断了气的狼躺在地上。男子终于明白了，藏獒为了保护儿子与狼搏斗，最终咬死了饿狼。

男子痛苦万分，抱着奄奄一息的藏獒痛哭起来。

愤怒是人身上最粗鲁野蛮的情绪，愤怒会让人变得比野兽还要可怕，甚至能摧毁一切美好的东西。男子的愤怒让他丧失了理智，冲淡了他和藏獒多年来建立起的感情，甚至让他拿着冷冰冰的斧子走向多年的伙伴……

试想，如果男子能冷静一点，多走走，好好找一找，哪怕是多吼一嗓子，也会有不一样的结局，也许儿子听到男子的叫声后会应声跑出来，给父亲讲述藏獒和狼搏斗的故事，以后父子俩会更加怜爱这个伙伴，但这美好的一切都被愤怒时的一个决定摧毁了。

列夫·托尔斯泰曾说：“愤怒对别人有害，但愤怒时受害最深者乃是本人。”我们听过的惨剧中都会有这样一句：一怒之下就……，可见人非常容易在愤怒的时候做决定，愤怒中做出的决定往往会让人追悔莫及。

人在日常生活中总是在不停地做出各种各样的决定，有些决定或许无关痛痒，有些决定却事关全局，一旦做出错误的决定，牵一发而动全身，事情就往往无力回天，不可逆转。

当我们愤怒的时候千万要提醒自己：这时候别做任何决定。忍那么一小会，就可能避免一场悲剧。

村民老黄在村子里养了100只鸭子，有一天，老黄家的鸭子把邻居家的禾苗给吃了一大片。邻居知道后大怒，偷偷地在禾苗上打上了剧毒的农药，老黄家的鸭子再次吃禾苗后就死了一大半。

巨大的损失让老黄的妻子勃然大怒，她马上冲进邻居家的大门开始破口大骂，还扬言要把邻居告上法庭。这时她突然转念一想，就算告上了法庭也不一定胜诉，更何况打官司还需要一大笔钱，死了的这几只鸭子哪能抵得上打官司的钱，不合算。

老黄的妻子回到家，偷偷把死了的鸭子都埋了，这些事都瞒着老黄，她知道以老黄那暴脾气，知道自己吃了这么大的亏肯定会找邻居去理论，很可能会打起来，邻居家男人得了重病，哪能经得起这样折腾，还是不了了之吧。

不久，邻居家男人因病过世，老黄的妻子才把这件事情一五一十地告诉了丈夫，丈夫大夸自己的妻子事情处理得妥善。

越是关键的时候越要忍，忍不需要多大的智慧，却需要把握好时机，让自己把情绪暂时按捺下来。愤怒的人是最冲动的，如果说“冲动是魔鬼”，愤怒则是“魔王”，愤怒的人往往单靠一种野兽般的冲动支配着意识，这种低级的情绪如何处理复杂的人事？

怒气在产生的一瞬间总是异常强烈的，仿佛强大到可以摧毁一切，但是它会自然消退，只要你稍稍耐心等待一下，不用多等，就等6秒，6秒之后再作决定。如果6秒之后仍旧愤怒，不妨再等6秒。愤怒的强烈程度也会以抛物线的形式演变，你需要做的就是忍过愤怒的巅峰值，在怒气由盛而衰的时候再考虑当初的决定。

3. 不做情绪的污染源

人产生了坏情绪后，会下意识地选择去发泄，如果这时正巧遇到了让我们不顺心的人，我们总会忍不住地把坏情绪发泄到此人身上，此人也会将坏情绪传递给别人。如此，坏情绪如病毒般就在人群中传递开来。

在这个坏情绪传染的链条中，每一个被传染的个体都有可能是一个新的传染源。新传染源的形成并非仅仅因为“被传染”，也与其自身的情况有着极深的关系。像病毒一样，处在同样的环境中，接触到了同样的病毒，有的人被感染，成为了病毒的传播者，而有的人却完好无损。

变成新传染源的人往往有以下几个特点：

首先是此人的身体状况欠佳。无论是休息不足导致的精神萎靡还是疾病导致的身体抱恙，面对别人倾泻而来的坏情绪，身体状况不佳的人都不能很好地抵抗。别人的坏情绪让他们也产生了坏情绪。

其次，处在家庭、工作和社会等压力的重重包围下，人的精神一直处于一个紧张的状态。持续性地紧张也持续性地消耗着人的意志。一直处在消耗中的意志力是不能抵御别人倾泻而来的坏情绪的。

控制病毒要从控制病毒的扩散和预防被感染两方面着手，预防坏情绪扩散开来也是一样的道理。但与病毒不同的是，对于外部发生的事情，我们无法去把控，只能做到亲近阳光快乐的人，远离阴暗消极的人。阳光快乐的人能很好地抵御坏情绪，将外界传来的坏情绪化解，而阴暗消极的人则不然，亲近阳光快乐的人能从源头上降低被坏情绪传染的概率。

但人总会有情绪不佳的时候，任何人都无法完全避免向他人宣泄坏情绪的行为。既然外界的传染我们无法完全地杜绝，只有在自身下功夫，以此来控制坏情绪的进一步传播，避免沦为坏情绪新的传染源。

避免做坏情绪的污染源要做到以下三点：

一、保持“满血”，提升修养。所谓“满血”是指一个人精神饱满，体力充沛。体力和精力是一个人的根本，“满血”的人更能抵御坏情绪的侵害。而一个有着深厚涵养的人同样能做到这一点。保持“满血”，提升修养要求我们保持健康的生活习惯，饮食、作息都要做到合理健康，同时又要注意多锻炼，多读书，这样才能成为一个健康而有涵养的人。

二、找到合理的发泄方式。发泄是消除坏情绪最好也是最有效的方法，合理的发泄能消除自身的不良情绪，避免再次对外传播。

一位陆军部长带着怒气找到了林肯，林肯问他生气的原因，他解释说：“一位少将对我不够尊重，还对我冷嘲热讽。”林肯让他给那位少将写一封信反击过去。当他写完正准备往外寄的时候，林肯制止了他，林肯说：“写完这封信你的怒火还没有平息吗？那就再写一封吧。”他恍然大悟，发现自己的怒气确实已经褪去了很多，这封信暂时就没必要寄出了。

三、学会反思自己，体谅别人。之所以会“被生气”，很多时候是因为我们确实没有把事情做好，给了对方可乘之机。虽然很多时候对方有“迁怒”的嫌疑，但我们自身的毛病是不可否认的，此时最好的办法是反思自己，提升自己，让别人无机可乘。

反思的同时还要充分体谅对方的难处，人在大多数的时候情绪是正常稳定的，并非总是这样暴躁，原谅他们一时的错误，自己的心也会随之放宽，坏情绪也许会被扼杀在萌芽中。

一个人潜在的影响力是超乎想象的，作为普通人，我们不必改变什么，也不能拯救什么，只求让自己变得更好，让世界因为一个美好的我而多了一点温情。

4. 别人愈是愤怒，你愈是冷静

当别人面红耳赤，青筋暴起地把满腔的怒火朝我们发泄而来的时候，我们总是习惯用同样分量的怒火去回击。怒火对怒火，双方僵持不下，怒火还在不断地升温，局面变得越来越难以控制……

愤怒之后往往没有好的结局，智者向来都能凭借冷静的头脑，用巧妙的方式来化解别人发泄而来的愤怒。

萧伯纳的新作《武装与人》首次公演就获得了巨大的成

功，剧场里总是坐得满满的，场下时不时地爆发出一阵阵热烈的掌声。新剧演出结束后，萧伯纳走上了剧院的舞台，接受大家的恭贺。

他正要向大家致谢，人群中突然出现了一个不和谐的声音："萧伯纳，你的这部剧简直糟透了，别再演下去了，回家去吧！"这个声音让全场沸腾的观众顿时安静了下来，观众们纷纷向舞台上的萧伯纳投去异样的目光，看萧伯纳会做出怎样的回应。

照大多数人的做法，萧伯纳应该用同样愤怒的声音予以反击，但向来温文尔雅的萧伯纳并没有那样做。他先是朝那位愤怒者深深地鞠了一躬，接着微笑着说道："亲爱的朋友，你的说法我完全同意，但遗憾的是，在座的观众朋友如此之多，就算我赞同你的意见，我们俩人也不能阻止观众们对这部剧的喜爱，更不可能停止演出。"愤怒的挑衅者一肚子的怒火不知该如何继续爆发下去，只好灰溜溜地离开剧院。

面对别人的怒火，我们产生的愤怒并非真正的愤怒，更多的时候是一种恐慌。当别人的怒火以排山倒海之势逼向我们时，我们的内心出于自我保护产生了抵触感或恐惧感，恐惧让我们强提一口气，装出一副愤怒而强大的面容，去回击对方的愤怒。

内心的恐惧让我们乱了方寸，这时总会做出一些荒唐的举动或者愚蠢的决定，保持冷静，认清局势，才能化解当前的尴尬的局面，用最理智的方法予以回应。要知道，别有用心的人会故意采取"激将法"让我们愤怒，我们的方寸大乱正中了他们的下怀，走进了他们设下的陷阱。

洛克菲勒在接受某一案件的审理过程中，遭到了对方律师愤怒而无理的询问，但他自始至终都保持着冷静而平和的态度。他的不动声色让他揭穿了对方的阴谋，赢下了这场官司。

“尊敬的洛克菲勒先生，我请你把某日我写给你的那封信拿出来。”对方律师粗暴地对他说。洛克菲勒知道，这封信里面涉及了很多重大的事件，而这个律师根本就没有权利来询问这些事情，不过冷静的洛克菲勒并没有进行任何回应，只是静静地坐在自己的座位上，没有任何表示。

见洛克菲勒无动于衷，法官开始发问了：“洛克菲勒先生，这位律师所说的那封信确实存在吗？”

“是的，尊敬的法官先生。”

“这样说来您确实收到了这封信，那么你回复那封信了吗？”

“我想没有。”

这时，法官拿出厚厚一叠信件，当场宣读。读完后又问：“洛克菲勒先生，你能确定这些信都是你接收的吗？”

“是的，尊敬的法官先生。”洛克菲勒平和地回答道。

“我想请问，你为何不回那些信呢，你认识我，不是吗？”对方律师开始插嘴。

“是的，当然，我想我从前是认识你的。”洛克菲勒平静的态度让对方律师的心情坏到了极点，甚至有点暴躁了。洛克菲勒却纹丝不动地坐在那里，似乎眼前什么事情都没有发生，这时全场只剩下对方律师的咆哮声了。

最后，对方律师因为情绪激动，把真相说漏了嘴，而被法官当场听到，结果洛克菲勒不仅赢得了官司，还在美国人眼中留下了一个很优雅的形象。

面对对方的怒气，没有必要恐惧。要知道，如果对方底气十足，就不会用愤怒来表达自己的诉求，发怒只是为了让自己看起来很强大，对方在对你发怒时，内心其实是恐惧和不安的。那个愤怒的律师正是企图用怒火伪装下的气势压倒洛克菲勒，但冷静的洛克菲勒看穿了这一切，不但不愤怒，反倒纹丝不动。

冷静是战胜愤怒最好的方法。别人冲你发怒，正是你最应该平静的时候，如果此时你也发怒，很有可能就中了对方的圈套。这时你要告诉自己：愤怒不过表象罢了，他的内心其实是恐惧的，我心中无憾为什么要害怕，更不应该随之而怒。

面对愤怒的人不要急着平息他的怒火，不妨静下来好好聆听一番。听的时候要注意“六不”原则——不做任何预设、不要去猜想对方为何生气、不要判断值不值得生气、不做任何评价、不做任何判断、不要断章取义。

聆听的目的是彻头彻尾地弄清对方愤怒的原因和让对方感受到你的平静和诚意。面对别人的愤怒不要恐惧，静下来多听一听，自会有应对之法。

5. 不要在刁难面前失去理智

在第五十届台湾电影金马奖的颁奖典礼上，当时被称为“50亿帝”的大陆演员黄渤以一身极像睡衣的造型出席。与他搭档的香港女嘉宾郑裕玲问他：“你怎么穿个睡衣就来出席颁奖礼?”黄渤机智地回道：“因为我经常来金马奖现场，每次来就像到了家一样，你想啊，在家应该穿什么？当然以舒适为主！”

的确，拥有一系列高水平作品的黄渤是金马奖颁奖典礼的常客，这一回答马上化解了当时的尴尬气氛。但此时，台湾主持界的大咖蔡康永不乐意了，他抢过话筒大声说：“黄渤，请你记住，金马奖是我家，不是你家！”

蔡康永的话让台下到场的演员全都绷紧了神经，当镜头给到刘德华时，刘德华的表情一时都僵了，大家都在等着看黄渤将会怎样去反驳。这时黄渤却说：“从来只看过人骑马，没看到过马骑人！今儿真是头一回见。”顿时场下爆发出一阵热烈的掌声和笑声，此时的刘德华更是笑得前仰后合。

原来今天蔡康永的造型同样奇特，他的黑白格子西装背上缝了一匹马，来象征金马奖。

置身于这个千变万化的世界，我们遇到的并非都是友好而礼貌的待遇，总有一些人居心叵测地来到你的眼前，突如其来地给你一些刁难，然后一脸邪气地看着你，他们准备好了嘲笑，就等你出丑的那一刻，然后一股脑地爆发出来，引起更多人的关注，把你扔进一个进退两难的境地。

别人的刁难总是策划良久，他们抱着必胜的心态站在你的面前，刁难毫无准备的你。此时的你很容易惊慌失措而中了别人的圈套。但越是这种时刻越不能慌乱，被刁难还不是最糟糕的，最糟糕的是雨还没下，却浇湿了自己。

就像走在一条巷子里，突然窜出一条凶狠的狗，惊慌失措地逃跑只会招来恶犬的追赶，刁难就像那条恶狗，你是跑不过它的，既然如此，不妨冷静下来看看如何来对付这条恶狗。这时候需要的是理智，理智会让你想起偶然间看到的关于躲避恶犬的方法，也会让你想起你的包中可能还有狗喜欢吃的肉干……

处在刁难中的你，理智总会给你“柳暗花明又一村”的惊喜。

面对刁难，一直忍让是行不通的，忍耐便是向心怀不轨的人示弱，他们会因此而更加猖獗。必须学会去反击，其实反击也讲究一定的技巧，在理智的主导下，利用合理的方式去反击可以让我们反败为胜。

反击首先要做到针锋相对，这并不是说当别人刁难我们时，我们便恶语相向。所谓的“针锋相对”是指找出对方话语中最尖锐的地方，“以彼之道还施彼身”，把他最具杀伤力的武器反转到他的身上。

在一次宴会上，美国著名作家马克·吐温的对面是一位女士，出于礼貌，马克·吐温对这位女士说：“您今天真漂亮！”哪知这位女士却不领情，反倒高傲地说道：“真是可惜，尊敬的作家先生，我实在无法用同样的话来赞美您。”

接着马克吐温平和地说道：“那没关系，您可以像我一样，说一句谎话就行了。”

这样做的目的就是让他们扔出去的石头最后砸到自己的脚。

其次，要学会用诙谐幽默的方式去反击。反击的一个重要前提是不能破坏表面的和谐，这时幽默很重要。有人会说，“我天生没有幽默感。”其实，幽默也是有技巧的。

一个女孩在街上急匆匆地走着，街上人来人往，她左躲右闪。突然她被迎面走来的一个男孩踩了一脚，女孩忍不住大骂：“怎么走路的，你的眼睛呢？”

男孩机智地回道："不好意思，踩到了你。但我想说的是，我习惯用脚来走路，至于眼睛嘛，留着去看美好的东西，比如眼前的这位。"女孩听完莞尔一笑，尴尬化解了。

幽默的关键就在于不要太认真，太较真，学会用夸张，搞怪的方式让紧张的氛围活跃起来。

反击，还有一个重要的技巧就是"曲解"。这里的"曲解"是要求处在刁难中的你主动把对方的话语曲解。

前美国总统威尔逊在任新泽西州的州长时正巧遇到了一位州议员去世，当时他推开一切工作，专心筹备这位议员的葬礼。这时，威尔逊却接到一位政治家的电话，电话那头政治家毛遂自荐，表示愿意顶替已经亡故的这位议员的位置。

威尔逊不满这位政治家的行为，回道："好的，如果殡仪馆没问题的话，我个人是完全同意你的提议。"

"曲解"的关键就在于充分发挥想象力，深度挖掘语言背后的其他含义，用其他含义来代替对方的意思。

当然，一切技巧只有在理性的把控下才能很好地发挥出来，失去了理性，一切都只是纸上谈兵，面对别人的刁难，理性永远是最重要的。

6. 受得小气，才不至于受大气

每个人都会遇到一些不公正的待遇，这时我们总会不由怒从心起、大发雷霆，此时要提醒自己别急着生气，《论语·卫

灵公》有言："巧言乱德，小不忍则乱大谋。"适时地忍住一口气，是为了在接下来的遭遇中不至于受更大的气。

一位小伙子从学校毕业后应聘到了一份海上石油钻井的工作。到油田的第一天，钻井队的队长要求他们带着一个漂亮的盒子，在规定的时间内爬上几十米高的钻井架，然后把盒子交给井架顶上的主管。

年轻人拿到盒子后迅速登上了狭窄的舷梯，他用最快的速度爬到了顶层，把盒子交给了主管。此时他已经大汗淋漓了，主管却在盒子上签上自己的名字后又要求他把盒子送回去。他按着主管的要求又迅速原路返回，把盒子交给了队长。

队长在盒子上签上自己的名字后，又要求他再一次爬上顶层把盒子交给主管，当他拖着精疲力竭的身体来到顶层时主管还是在重复上一次的动作和要求。他就这样上上下下爬了三次，备受折磨的他已经忍无可忍了，当他第四次爬到顶层时主管要求他把盒子打开。

年轻人小心翼翼地打开了盒子，盒子里只有两个玻璃瓶子，一瓶装的是咖啡，另一瓶装的是咖啡伴侣。一种深深的羞辱感一时充满了年轻人的头脑，他对主管怒目而视，主管却说："把咖啡冲上。"年轻人听罢愤怒地把盒子扔到了地上，并大声地吼道："我不干了。"

这时主管却说："你可以走了，在你走之前我想告诉你的是，刚才你经历了一项名为'极限训练'的考验，因为海上作业随时会有危险发生，所以我们为每一个到这里工作的工人都准备了这样一项训练。前面的训练你完成得很出色，可惜最后你没有喝到亲手为自己冲的咖啡，十分抱歉，再见。”

年轻人只能愤愤不平地离开油田。

很多时候，命运已经偷偷地为我们准备了一份丰厚的礼品，在这份礼品送达之前会有一个艰难的考验。刚刚毕业的年轻人因为没能忍住一时的煎熬而恼羞成怒地放弃了，当他知道距离得到礼物只有一步之遥而礼物又极其诱人时，他却不得不承受更大的气愤。

世事往往就是这样富有戏剧性。能忍一时之气，既是一种度量，更是一种智慧，人生的路任重而道远，何必为了一时的利弊得失而大动肝火。

韩信很小的时候就失去了双亲，只能靠钓鱼换钱来养活自己，长年累月衣不蔽体，常常因此而受到周围人的歧视和欺辱。

一天，韩信正在街道上走着，这时一群好事之徒围了过来。其中一个屠夫说：“韩信，别看你人高马大的，还佩着剑，其实你胆小得很。怎么，我说错了？有胆量你就拿着你的剑刺死我，要不你就从我的裤裆下钻过去，否则今天别想离开这里。”

韩信自知这群人都是心狠手辣之徒，硬拼拼不过，他只能当着众多路人的面从屠夫胯下钻过去，韩信站起来后一句话没说就走了，留下了身后的一片嘲笑声。此后韩信忍辱负重，立志成就一番事业。最后，他在垓下大败项羽，被后人称为大英雄。

其实，忍耐一时之气也是一种修炼。把一勺盐溶进一杯水中，水会变得很咸，但如果把这一勺盐溶进一盆水、一桶水、一汪湖泊、一条大河、一片汪洋中，水还会因为多了这一勺盐而变得咸吗？

在忍耐一时之气的修炼中，苦难和折磨就是那一勺子盐，我们的胸怀就是水，忍耐的意义就在于让你的胸怀从一杯水变成一片汪洋。人生总避免不了受苦受难，当你的胸怀足够宽广时不是不再经受磨难了，而是所谓的磨难在你的眼中已经不再是磨难，更不会让你痛苦。

孟子曾说：“天将降大任于斯人也，必先苦其心志，劳其筋骨，饿其体肤，空乏其身，行拂乱其所为也，所以动心忍性，增益其所不能。”生命中受过的气并不只是为了折磨你，还能让你提升自己，发掘自身的潜力，要知道，大多数人只有在被逼到绝境的时候，才会爆发出真正的潜力。

能忍住一时之气的人正是如此，在每一次折磨中，都强忍一口气，这个过程无疑是最痛苦的，但这个世上哪有不痛苦的蜕变，在忍气吞声的过程中他一点点蜕变，一步步前进，直到他能担起生命中最为煎熬的磨难。那时的他已经强大到蔑视一切磨难，再没有可以让他轻易动怒的事情了。

7. 想想事情真的到了无法容忍的地步了吗

一位作家在回忆起往事的时候说起过一件事。年幼时他的脾气大得很，稍有一点不顺心他便会大发雷霆。后来他的父亲告诉他：“每当你想要大发脾气的时候，先要忍着从一数到十，数完再发。”当时懵懂无知的他不明白父亲要求他这样做的用意，长大后他才知道，原来父亲是想通过数数来让他镇定下来。

作家长大后仍旧保留着这个习惯，每当他遭遇不顺心的事情，想要发怒的时候，他就默默地从一数到十。他发现自从父亲把这个方法教给他以后，他发怒的次数越来越少了。

但人总会遇到让自己愤怒的事情，此时，数数已经不能再让年长后的他平静下来了。经过一番琢磨，他把当初父亲教给他的方法作了改进。当他想要发脾气的时候，他会先深深地吸一口气，大吼一声“一”，然后再缓缓把气吐出去，吐气时全身放松，数“二”的时候重复这个过程，直到数到“十”。

生气时经历一遍深呼吸和数数的“组合运动”，结束后会觉得心灵得到一番净化，刚才还存在的怒火便逐渐消弭，脾气也就不会再发了。后来，他把这个方法教给了许多人。

用这个方法调节情绪非常有效，当遭遇到一些不顺心的事情，这些事情让我们忍无可忍的时候，不妨先忍个十来秒，做一遍这位作家的“组合运动”，做完再发也不迟。相信当我们做完这套运动时，发脾气的冲动已经消失得无影无踪了。即使还在，也会大打折扣，所剩无几，这时不妨再重复一次，几次三番下来，总会让脾气变得更加温和。

如此说来，大多数我们认为忍无可忍的事情，并非真的到了忍无可忍的地步。七情六欲是每个人都有的，这并不是我们纵容自己发脾气的借口。我们每天与各色各样的人产生不同的关系，要想彼此相安无事，和谐地共处下去，就要学会管理好自己的情绪。

当然，管理情绪的意义并非只是为了别人，从自身角度而言，管理自己的情绪也有着十分重要的意义。传统中医认为“怒伤肝、喜伤心、忧伤肺、思伤脾、恐伤肾。”一个人的情绪与自身的身体健康有着极为密切的关系，管理自己的情绪就是管理自己的健康。

愤怒是所有情绪中最为激烈一种，像决了堤的洪水，汹涌澎湃，无法阻挡。除了在发脾气之前，以数数的方法拖延消耗怒气之外，还可以通过转变思路来避免大发脾气。很多让我们想要动怒的事情，换个思路去看，也许怒气就会消失。

俞仲林是我国著名的画家，他因画牡丹而闻名遐迩，市面上，他的牡丹常常是一画难求。有一次，他刚刚画好一幅《牡丹图》就被某人火急火燎地买去了。此人迷恋俞仲林的作品已经有些年月了，直到今日才得到了俞仲林的作品，不由心情大好。

回到家后，他把买来的《牡丹图》好好地装裱了一番，还把它挂在了大厅最显眼的位置。没过多久，一位朋友前来拜访他，看到了他的这幅画，大呼不好。此人便向朋友询问原因，朋友说牡丹还没画好，缺了一部分，牡丹代表的是富贵，这不就有“富贵不全”的含义了吗？

此人听完，仔细一看果真如此，不由大怒。他带着满腔的怒火找到了俞仲林，要求退画还钱。俞仲林哈哈一笑，说：“这幅画的精髓就在缺了一边，牡丹代表的是富贵，缺了一边就是‘富贵无边’的意思，不是吗？”此人听罢顿时心花怒放，高高兴兴地回家去了。

事情总是不带任何感情而发生的，一些事情之所以会让人忍无可忍，全都是我们把自己的坏情绪带到了事情上面，既然如此，何必把坏的情绪带给事情，再让怒气来折磨我们呢？

早上火急火燎地出门，仍旧没赶上最及时的那班公交，既然已经错过了，何必再因不可逆转的事情而生气呢？不妨换一种心情，在公交站静一静，享受一下一日之始的活力，调整一下紧张的状态，去迎接一天忙碌的工作。

生活中其实并没有什么是真的忍无可忍的，所谓的忍无可忍都是因为我们没有找到合适的方法来处理眼前的事情。遇到了不顺心的事情，别急着去发脾气，多忍一会，再多忍一会，相信总有不用再忍的那一刻。有的时候，不妨换个角度，你会发现忍无可忍的事情其实根本就不值得去生气。

8. 再愤怒都应该有底线

愤怒是动物在进化过程中形成的一种自我保护机制，当自身的一些利益受到了侵犯，所有动物都会用愤怒来提升自己的自我防卫能力，以此来吓退或者击退侵犯者。人带着这样的情绪在文明社会中生活，稍不留神就会被愤怒冲昏头脑，做出一些出格的举动。

人类社会里有两条底线：法律底线和道德底线。这两条底线是人与人和谐相处的保障，但人在愤怒时很容易冲破这两条底线，酿成惨剧。

英国《每日邮报》报道过这样一则悲剧新闻。戈达德住在格温特郡，这一天戈达德的女儿凯莉与男友及另一对好友在离家约 8 公里处的一家酒吧玩乐至凌晨 1 时，由于夜色已深，街上几乎没有出租车。凯莉求助父亲，让戈达德接他们回家。

大半夜被吵醒让戈达德非常不愉快，而女儿在酒吧疯玩到这么晚更是让他气愤，而女儿也丝毫不给他教育的机会，上了车就不说话。戈达德越想越气，他为了吓唬女儿，也为了发泄怒火，故意加快车速，时速提至约 180 公里，然后假装要撞水泥护栏，结果汽车失控，真的撞上了路边护栏，由于凯莉未系安全带，遭车祸后被甩出座位，头部受重伤，最终不治身亡。戈达德头部和脊椎受伤。同在车上的凯莉男友卢克·格雷伤势较轻，只有鼻梁骨折和身上几处擦伤。

纽波特刑事法庭裁定戈达德超速驾驶致人死亡罪名成立，入狱 18 个月，吊销驾驶执照 5 年。

愤怒是所有生物所共有的低级情绪，而理智是人类所特有的高级情绪。当我们被怒火控制的时候就变得与野兽无异。在愤怒的戈达德眼里已经没有了亲情，此时的他就像一头发了疯的野兽，对激怒他的女儿采取最猛烈的报复，这样的报复是不会被任何健全的法律所允许的，他不仅突破了道德的底线，还突破了法律的底线，最终只能接受道德和法律双方面的制裁。

其实，无论是道德的底线还是法律的底线，都是人类社会最基本的行为规范，每个人的行为只有在这些规范的约束之下才能彼此相安无事，和谐共存。一旦没了这些底线，人类社会也会如动物界一般弱肉强食，残忍血腥。

除了这个社会所共有的道德和法律的底线，每个人作为一个拥有独立意识的个体，也会有自己的底线。我们常说："做事要有个度"，这个"度"就是我们的底线。很多时候，愤怒是无法避免的，脾气再好的人也会发怒，这是人的本性，无法去除。

当愤怒无可避免地发生了，要为自己的愤怒设定一个期限，让愤怒适可而止。这就是你的底线，无论如何都不能让愤怒突破底线，这是一个成熟而独立的人对自我的约束，同时也是一种自我关爱，无休止的发怒，总不会有好的下场。

陆辰从一所声名显赫的医科大学毕业，在上学期间成绩一直很优秀，毕业后就被分配到一家三甲医院做临床医生。他具有非常出色的业务能力，半年不到，就在医院内获得了良好的口碑。他的科主任也对他说，只要他继续勤奋下去，未来的学科带头人非他莫属。于是，陆辰开始得意忘形，总是以"名医"自诩，逢人便讲述自己的辉煌业绩。

慢慢地，医院的同事都开始疏远他，甚至在年终评先进人物的时候，陆辰都没有得到一个提名。对此，陆辰很是恼怒，便常常悲愤地在医院里宣称："如果没有我，这个科室早垮了。"好像这个医院离了他，就没法办下去了一样。

没想到，不久后，陆辰就遭遇了一次小误诊。医院里的同事都开始议论纷纷。在全院进行会诊讨论时，陆辰怒不可遏，仿佛受到了很大的伤害一样，不停地反驳其他专家对这个病例的诊疗建议。

在以后的几年里，陆辰常常在工作的时候显得心不在焉，因为他总是怀疑他人瞧不起自己、和自己作对。医院的领导层对他也很无奈，在每次岗位轮转的时候，都不得不靠抓阄来决定他的去留，因为没有人喜欢他。

无休止的愤怒只会给人带来厄运。不仅如此，《内经》指出：怒伤肝，怒则气上。人在发怒时，由于交感神经过于兴奋，可使心跳加快、血压上升，所以经常发怒的人易患高血压、冠心病和脑中风。若已患有上述疾病，再经常发怒不止，则可使病情加重，这是愤怒的情绪对人身体造成的直接伤害。

如果留心，我们会发现，动物园里越是凶猛危险的动物，受到的限制就越是严格。情绪也是如此，愤怒很危险，我们要为它设下界限，让它在预定的范围中适可而止。

第六章

压力太大，如何甩掉烦躁、焦虑

1. 压力太大，拿什么对抗情绪焦虑?

今天，几乎在每个年轻人的身上，都能找到焦虑的影子，身在城市里的年轻人更是如此。

从早上睁开眼的那一刻开始，直到晚上闭上眼睛进入睡眠，在他们的脸上很少能见到那种舒服自然而又轻松愉悦的笑容，过大的压力让他们变得焦虑，焦虑的人又怎么会“舒服自然而又轻松愉悦”地去笑呢?

李爽从海外学成归国后，凭借过硬的实力进入了上海的一家大型企业工作。没过多久，她因为超强的个人能力而得到了领导的赏识，她成为了公司成立以来最为年轻的经理，李爽的辉煌事迹被无数同事所羡慕。

但李爽从没因为在公司的成就而真正地开心过，她所有的情绪都是为了公司和客户而精心雕琢过的，是生硬的。每天下班回到家的那一刻，她就会变得压抑，焦虑，患得患失……所有的负面情绪一下子从四面八方涌了过来。

李爽的负面情绪大都来自工作的巨大压力，这些压力有工作本身必不可少的压力，但更多的是李爽自己给自己的压力。从小到大，她都是圈子里最优秀的，在学校，她一直都是长得最美的，也是成绩最好的，甚至她还是被男生暗恋最多的女生。

这样的经历让她把这种心态延续到了工作中。

在公司，她是出了名的完美主义者，无论做什么，她的标准向来都是最高的，不达到尽善尽美的地步绝不罢休。除去工作上的高要求，她也努力地在同事们眼中建立起一个完美的形象，从不在人前犯任何错误，也从不留下任何污点。

这样的生活压得她喘不过气，渐渐地，她夜晚失眠的情况变得越来越频繁，白皙的皮肤上冒出了一个个红色的痘痘。她的工作效率也在下降，从来只会被领导夸奖的她第一次尝到了挨批评的滋味。

就在这时，公司来了一位同样优秀的新同事，新同事的出现对李爽构成了威胁。李爽变得越来越焦虑，变得暴躁而敏感，经常把身边的人当成出气筒，男友、父母、下级同事都不能幸免。

如果细分开来，李爽的焦虑包括了因总是担心时间不够用而导致的时间焦虑，因总是担心被竞争对手超越而产生的竞争焦虑，还有因对于目标过于执著而产生的焦虑，在层层焦虑的包围之下，李爽如何能保持健康的状态？

1980 年，心理学家叶克斯·道森通过研究发现："个体智力活动的效率与其相应的焦虑水平之间存在着一定的函数关系，表现为一种倒'U'型曲线。即，随着课题难度的增加，个体焦虑水平也增加，与此同时，个体的积极性、主动性以及克服困难的意志力都会随之增强，此时焦虑水平可以对个体的办事效率起到促进的作用；当焦虑水平为中等时，个体能力发挥的效率最高；而当焦虑水平超过了一定的限度时，会给个体带来严重的心理负担，进而对其学习和能力的发挥产生阻碍作用。”

而我们常常所说的“焦虑”其实都指的是在倒“U”曲线的下半段，此时的焦虑已经成为了我们日常活动中的一种阻碍，当我们过于焦虑和紧张时，不妨试试以下方法。

做深呼吸。这是最为常见、最为简单的心理疗法，当然这并不会妨碍到它的效果。在安静的环境中放松全身肌肉，缓缓地吸气、吐气，吸气要深、满，呼气要慢、匀，如此重复即可。

过于紧张、焦虑会使体内产生大量的热能，而通过原地走动、小跑、摆动四肢这些小的动作就能让热量释放，以此来缓解人紧张、焦虑的情绪。

想想最坏的结果。把自己想要达到的效果、害怕承受的后果全都写在一张白纸上，看着那些后果，默默告诉自己：最坏的情况也不过如此，我能够解决或承受。当最坏的结果都被你接受了以后，你还会焦虑吗？

焦虑的人也可以通过消遣娱乐来让心情变得舒缓起来，看一场幽默搞笑的电影，听一段美妙动听的音乐，让自己紧绷的神经得以放松，让注意力得到转移。当你的情绪重新恢复高涨时，你会发现，原本让自己焦虑不安的事情也不过如此。

焦虑的时候还可以适当地尝试一下“阿Q精神”，这虽然有自欺欺人的嫌疑，但很多时候，这样的疗法往往最为有效。当事情伴随着焦虑降临到我们面前时，心里默默对自己说：“我是最优秀的，这件事我没问题的！”“我准备得很充分，如果我都做不好，还有谁能做好！”这样积极的心理暗示会让你信心大增。

焦虑都是“压”出来的，缓解焦虑可以从“压力”入手，释放压力，也可以从自己入手，强大自身，你的内心越是强大，感觉到的压力就越小，焦虑也会随之减弱。

2. 学会放松，别让自己看起来很吃力

毕淑敏在《心理医生附耳细说》中写道：记住，你要像烟灰一样松散。只有放松，全部潜在的能量才会释放出来，协同你达到完美。

如今社会竞争日益激烈，人们的节奏和脚步越来越快，焦虑紧张感随之增加，处在恐惧的压力下或者处于焦虑中的人因为携带着心理障碍，常常不能够集中精力进行创造性的活动。学会放松渐渐变成了一种奢侈品，人们的生活质量也因此出现了更多的问题。只有学会放松，才能不让自己的人生陷入吃力不讨好的境地。

因为不知道放松自己，保罗·山普森以前每天都像马力十足的汽车到处奔波，总是精神紧张，无法放松，每天下班回家都身心俱疲。他开始问自己这是什么原因呢？从没有人告诉过他，这样停不下匆忙的脚步不能好好放松自己的状态其实是在慢性自杀。

保罗·山普森每天一睁眼就会跳起身来，在接下来的一天时间里完成这种任务清单式的行为：匆匆忙忙吃早餐、刮胡子、洗脸、穿衣服，再赶紧开车去上班，开车时用力紧握方向盘，

好像怕它飞出去。工作迅速，下班后又匆忙回家去，到晚上睡觉时，都得急着入睡。

后来他带着这种状态去底特律市著名的神经专家那里就诊，医生跟他说要自我放松，而且是要时刻想着放松，工作、用餐、睡觉时都要想着放松。

从此以后，保罗·山普森听从医生的指导开始练习放松自己。晚上入睡时不再着急，而是先有意识地放松身体与放匀呼吸。早上醒来时，他感觉确实是休息好了——这是重要的进步。因为他以前醒来时，总是处于疲倦而紧张的状态。现在，在用餐、开车时他都能够放松自己。

更准确地说，保罗·山普森开车保持警惕，是用心，而不是神经紧张了。最关键的自我放松的地方是办公室。每天有好几次，保罗·山普森会停下手中的一切工作，检查自己是否处于完全放松的状态。电话铃响时，也不再跳起来抢着接听，有人跟他谈话聊天时，他也能从容自若。这种经历让他宛若新生。

保罗·山普森后来带着微笑放松地告诉别人，他的人生变得充满乐趣，再也不会为神经紧张与精神忧虑而困扰不休。像保罗·山普森一样学会放松，把绷得紧紧的心理之弦松一松、抹抹油，神经也会因此焕发活力。如果我们意识到要以轻松的心态看待这个世界时，我们的生活将会更有意义，工作也更有效率。

学会放松，等于拥有了获取快乐的金钥匙。人只有在心态放松的情况下，才能对周围的环境更有体会，感受也更深。所谓学会放松的最佳心态，就是心平气和，清明无念，不浮躁、不盲动、精神专一，专心做自己该做的事，不要把注意力放到想象的结果上面。知止而后有定，定而后能静，静而后能安，安而后能虑，虑而后能得。

雪琪有个周末去登山远足，回来后她跟我们分享了这段经历后的感悟：和同伴在山谷野外露营后，她沿着来时的路爬出山谷，而这时她才看到这条只有1.5米宽的小路是沿着陡峭的山脊而行的，山脊下就是上千米深的悬崖。于是身体变得僵硬紧张，每踏出一步都战战兢兢。她发现自己完全放松不下来，已经体会不到旅行的快乐了，只是苦苦等待着回到平坦的路段。

这时候，旁边经过了一个徒步旅行者，她非但没有紧张，而且正深深地陶醉于旅行中。她偶尔会停下来，轻松地欣赏周围的美景。脸上轻松的神态清楚地表明，其实完全不需要紧张。雪琪决定尝试学习她的态度，和她一样放松下来，不时停下来欣赏美景。雪琪后来说，那是她见过的最美的风景。

就像雪琪一样，我们的紧张不放松只不过是没有把握好自己的情绪，放松自己也只是一种自我暗示的心态。我们的身心由自己的情绪所控制，而这种情绪来自于我们的心底深处。

当我们认识到紧张的源头，就可以改变这种情绪状态并放松自己的心态。读一本关于放松的好书；想象自己是一只松弛的袜子，来提醒自己不要紧张；闭上双眼，学会放松自己身体的每一个部位，很快就能让紧张的情绪烟消云散；给自己创造一个安静的空间和环境，放空自我，保持身内身外的宁静；持续工作几个小时后，抓紧几分钟的零碎时间伸展僵硬的身体，消除紧张感和吃力感；周末戴上遮阳帽，来到森林享受大自然的美妙；结束一天工作后，对自己说声谢谢；每天尽量抽取一个小时去运动，跑步、快走、游泳……

这些放松的方式，都能让我们体会轻松和忘我的境界。从现在开始，拥有一颗轻松和谐的心态，笑着迎接属于自己的生活，相信自己的人生会更美好，身心会更轻松健康。

3. 练习说“不”，将不必要的压力推出门外

前段时间，徐慧辞职了，离开了当初她引以为傲的那家公司。

当初大学毕业，徐慧在网上看到了这家公司的招聘信息，想都没想就投了一份简历过去，令她感到惊喜的是她居然收到了面试邀请。为了通过面试，她准备了很多，也准备了很久，她终于被录用了。

但入职后徐慧才发现，大公司远没想象的那样好。身边尽是名校的毕业生，甚至还有“留洋”回来的，同事们谈论的东西她是一点都插不上嘴。但她并不灰心，她决定把自己放到一个低一点的位置，在工作中重新学习，努力追赶。

这样，徐慧真的成了公司里地位最低的人，别人喊她做什么她都勤勤恳恳地做好，从不拒绝。有的时候，明明自己手里的工作已经忙得做不完了，同事和领导额外安排的零散工作她仍然会接，有那么几次她甚至还争着抢着要去做。

最开始领导和同事都夸徐慧勤劳，她自己也沉浸在这种夸

奖中，但久而久之，大家都习惯了她的这种“勤劳”，不再有人注意她，但一有繁琐的工作，第一个想起来的就是她。

在这段时间里，她艰难地度过了实习期，转正之后工作量一下子加大了。但同事们仍旧会给她安排一些额外的工作，就在她辞职的前一天晚上，还有一位同事“麻烦”她整理几份稿件，她熬到深夜才整理完。

第二天，领导组织开会，会议上她精神不集中，被领导点名批评。她期待着那位“麻烦”她的同事站出来帮她说说话，但那个同事始终都低着头。一时间所有的委屈都涌了过来，从此以后，她委屈的感受越来越强烈，最终她下决心离开公司。

生活中，活得最累的就是这种“老好人”，他们从不会拒绝别人。所有属于自己的，不属于自己的压力全都一股脑地担了起来。自己肩上的压力已经压得他们喘不过气来了，面对别人的要求他们仍旧难以说出半个“不”字。

其实，他们本没有必要活得那样累。有时他们为了证明自己，有时他们企图通过帮助别人来获得一份友谊，无论本着怎样的目的，不会拒绝，只会让自己的生活多一些额外的压力。

不要总沉浸在别人言不由衷的感谢中，也不要妄想通过几次可有可无的帮助就获得一份真挚的友谊。别人可能因为你的帮助而认可你，也可能因为你的帮助感谢你，但无限制自降身段会让对方在交往中占据主导，蔑视于你。无论是认可还是友谊，都建立在一种平等的关系之上，双方地位不对等，如何能建立真正的友谊？

当我们对别人提出的要求“来者不拒”的时候，也是在透支自己的精力。生活已经给了我们足够的压力，而一个人的精力又是有限的，那些额外的事就成了我们生活中的一种负担，一种不必要的压力。

学会拒绝需要一定的勇气，更需要一定的智慧。

无论如何，拒绝总是一件让对方失望的事情。我们既要有勇气去承担拒绝别人而留下的后果，又要争取用机智的方法减弱对方的失望。

在学会说“不”的过程中，第一步往往是最难迈出去的，我们总会把“不”说成了“不——用客气”，但这一步是必须要迈出去的，有了第一次，以后就水到渠成了。

当你难以把“不”说出口时，不妨用“让我考虑考虑，稍后给你答复”来回应对方的要求。这样做，既可以避免第一次说“不”的尴尬局面，也可以给生硬的拒绝来一点缓冲。这时对方往往已经做好了被拒绝的准备，你随后以合理的理由拒绝的时候，对方就不会感到那样的失望了。

在职场中，说“不”更是一种必备的技能。工作中的“质”要远远比“量”重要，多一份任务就多一份责任，与其战战兢兢地去挑战那些额外的任务，倒不如把本职工作做好。这样虽不会有功，却能保证无过。如果你勉强接过来的工作正好是你不擅长的，做好了同事会对你另眼相看，做得不好了将在你的职业生涯留下一个难以抹去的污点。

家庭关系中也是同样的道理，亲戚好友们提出的要求，切不可随意答应，答应下来就一定要做好，稍有闪失就可能让亲友反目。

拒绝别人有一个“万金油”一般的公式：拒绝的理由 + 提出的建议，拒绝的理由可以是“身体不舒服”“最近比较忙”“手头紧”“视情况而定”等等，拒绝之后可以提出一些合理的建议，比如“你可以联系一下那谁”“你不如用这样的方法试试”……。这样的拒绝既不会很生硬，也在一定程度上帮对方指了一条出路。

很多时候，我们总认为拒绝是残忍的，但不拒绝更是对自己的残忍。我们一般不会拒绝那些合理的要求，但那些多余的甚至无理的要求，盲目答应下来只会让自己疲惫不堪。

4. 领导鸡蛋里挑骨头，如何应对

在多数人的印象里，老板一般都热衷于“鸡蛋里挑骨头”。你已经很努力工作了，可是挑剔的老板却总以怀疑的目光质问你：为什么不做得更好些？你出色地完成了工作，但是，习惯于“鸡蛋里挑骨头”的老板却照例指手画脚一番，没一句好话。如果你再出现一次、两次的小小失误，那么就更难逃领导对你喋喋不休的指责了。这样的领导大概常常让你“丈二和尚摸不着头脑”，甚至会让你心怀怨恨，大发脾气。

王志新换了一家公司，老板属于年富力强事业有成的类型，工作起来一丝不苟甚至挑剔。

老板凡事条理分明：窗台上的花左边必须和右边对称，办公桌前边跟后边一定要垂直。把办公室折腾得赛过部队的营房，看着整齐，但多少有点刻板。

因为刚刚报到，有些业务王志还不是很熟悉，所以干活的时候格外仔细。在做表格的时候，面对手写稿上密密麻麻的数字和错综复杂的业务关系，他认真地在电子表格里填写，然后再认真地核对。

忙活了半天，终于把工作搞定，当他把完成的结果递交到老板手里的时候，满以为会得到赞许，谁知道不大会儿的工夫文件就给退了回来，原来，他把一个无关紧要的数据顺序颠倒了。尽管没有造成重大损失，可毕竟是自己出现了失误，他还是按照要求调整了过来。

时间长了，听同事们说老板的挑剔是出了名的，专门盯那些“边角”问题，为此大家干起活来都小心翼翼的。

在职场里面，无论主管是采取指挥式、批判式或细节式的管理风格，都是为了达到业绩目标。有时候你要将心比心，换位思考，那么你会发现一个优秀的主管其实是该这样“吹毛求疵”的。接下来你能做的事情就是怎么样去调整和适应的问题。

一、不能只看小事的表面

有句话叫做：魔鬼都在细节里。也许你会嫌领导还要管英文单词拼错或标点符号用错，认为这样小题大做，但如果你写的文件或书信是发出去给客户的，就是代表公司的质量；如果是发出去给同事，也代表个人的工作不够专业、严谨，从这个角度来讲的话，领导这样的要求是合理的。

二、换个方式，把事情做得更好

不过即使要求是合理的，的确有些领导脾气暴躁，比如骂人或是把员工的企划书丢在地上。为了避免这种情绪性的冲突，建议领导可以采用罚钱的方式，比如说拼错一个字就罚款 100 元，来慢慢改变员工的坏习惯，在心理学上，这叫做“行为改变法”。而员工也可以找适当的机会，和主管以交心的方式喝咖啡、聊聊天，或者也可以换个方式，主动向领导提案，举行一个“第一次就把事情做对”的活动，鼓励各部门互相竞赛，并奖励做得好的部门，如此一来，既能达到领导的要求，也把紧张的气氛反转过来。

三、分析自己重视的工作价值

另外，遇到习惯负面表达的领导，也要先弄清楚，是因为自己老是犯错的原因，还是因为领导的个性很多人都曾被领导这样对待？如果确认是领导的个性造成负面的管理文化，在冲动地决定去留之前，最重要的是要分析清楚自己重视的工作价值。

你可以自己画一个量表，分为人际关系、工作环境、学习成长、多元化挑战性、薪资福利 5 大项，然后凭直觉，打下 -10 ~ 10 的分数。在人际关系的大项中，又可以分成总经理、直属主管、同事 3 小项。比如说你很受不了总经理，打 -10 分，但如果其他部分加起来，总分还不错，就应该留下。

另一方面，如果你是一个很看重自尊的人，那也要反问自己，如果要转换工作，自己的专业够不够？如果自己的专业能力还不够好，不如认输留下来，积极改进自己的核心职能、英文能力、细节管理能力等等。只要自己的能力突飞猛进，成为足够的转职筹码，自然不必留在原地受气了。

5. 与完美主义魔鬼和解

有人说“完美”是一件衣服，它套在成功的外面会让成功变得更加光彩夺目。这样的说法让无数人想要去“锦上添花”，却不知完美是成功路途中的一个陷阱，从来都没有完美的成功，有时刻意追求完美反而会落得个失败的下场。

第 14 届世界围棋棋王战在韩国的首尔举行，中国选手常昊九段对阵韩国选手许映皓六段。比赛的前半场，执白棋的常昊形势一片大好，大局清晰，落子也如行云流水一般，可以说常昊完全把比赛掌控在自己的节奏之内。

下半盘棋进行到大半时，常昊仍旧保持着绝对的优势。这时，他只需要将两颗无用的白子放弃，做好外边的防守，杜绝对手渗入，就能拿下比赛。这时前来助战观战的中国棋院院长等人甚至已经开始为常昊手到擒来的胜利庆祝了。

但是常昊并没有按照预想的那样去完成接下来的比赛，这给了对手喘息的机会，对手抓住这个机会绝地反击。结果对手许映皓的黑子如病毒一般迅速扩散开来，转眼间就扭转了局势，常昊带着无限的悔恨接受了失败的事实。

赛后，常昊在接受媒体采访时说道：“当时，我占据着绝对优势，所以一心想着要让这盘棋下得完美，不留一点遗憾。结果却输掉了。”

追求卓越是每个竞争者必备的素质，它让竞争者不断地突破自我，朝着更高的水准一步步迈进。但凡事都有个度，每个人都会有自己的上限，过于热衷于完美就会错估对手的能力，甚至忘记出发时的目的。

金庸在《书剑恩仇录》中说“强极则辱”，任何对完美孜孜不倦的追求最终换来的都是一个适得其反的结局。常昊的失败就是个很好的例子，唾手可得的胜利因为过于追求完美而落得个战败的下场，九段的常昊反倒输给了六段的许映皓，这将成为他围棋生涯中最为耻辱的一页，让广大棋迷牢记。

19 世纪法国诗人穆塞特曾写下这段话：完美根本就不存在，了解这句话的人就等于了解人性智能的极致，期待拥有完美是人类最疯狂危险之举。

完美本就是一个虚幻的泡影，它是一个极具诱惑力的陷阱，那些天赋异禀，才华出众的人偏偏最难以抗拒完美的诱惑，追求完美让他们陷入了泥沼，不能自拔。

一位伟大的雕塑家，他是完美主义的奉行者，他雕塑出来的人像和真人难以区分，一模一样。突然有一天，死神向他宣布了他死期将至。

雕塑家非常伤心，他还不想死。雕塑家苦苦思索，终于想出一个躲避死神的好办法，他用生命最后的时间做了 11 尊和自己一模一样的雕像。死神到来时，他屏住呼吸，一动不动地站在雕像之中，死神一下子犯了难，难以分辨哪个才是雕塑家的真身。

无可奈何的死神带着疑问和遗憾离开了雕塑家的住处，来到了上帝跟前，死神请上帝为他指点迷津。上帝在死神的耳边偷偷地向他传授了破解谜题的方法，死神听罢却怀疑起了这个方法的可行性："真的有用吗?"上帝微笑着说："你试试不就知道了?"

死神半信半疑地来到雕塑家的住处，面对着"12个雕塑家塑像"说："雕塑家先生，这里一切都十分完美，只是我在这里发现了一点瑕疵。"

雕塑家脱口而出："哪里?"死神笑着说："哈哈，我终于抓到你了，刻意追求完美就是最大的瑕疵。你要知道，天堂都没有完美的东西，更何况人间，跟我上路吧!"

是啊，天堂都没有完美的东西，更何况人间，不完美才是人生的常态，人生因为有了不完美，才能保持一个上升的趋势，有缺憾才会有进步。本来你已经做得相当不错了，完全可以开始新的项目，但过度追求完美，反复精雕细琢，让你耗费了精力却得不偿失。

正视缺憾，接受缺憾。其实，缺憾又何尝不是另一种美。金庸本人在他创作生涯的晚期开始了对所有作品的修订工作，2001年，修订版的《金庸全集》由广州出版社发行。新版本流向市面后反响并不好，读者们纷纷表示精雕细琢的修订版，损失了作品的艺术性。

常人本就难以达到完美，过于执著只会让自己承受过大的压力，最终反而弄巧成拙，与其在完美上浪费时间，不如从缺憾中寻求进步。

6. 不要瞎忙，有条不紊地努力

有一本名为《你只是看起来很努力》的书，书中有这样一句话：任何没有计划的学习，都只是作秀而已，任何没有走心的努力，都只是看起来很努力。努力也是有真假之分的，那种漫无目的地重复同样的事情，无论多么拼命，都是在“瞎忙活”，只是一种“假努力”。

小蔡是公司里出了名的“劳模”，他总是把自己的行程安排得满满的，无时无刻不在忙碌着。

公司里大大小小的会议，只要他能参加的他都会参加，在每一个会议开始之前，他都要做足了准备，在会议上，他也会有一番足够认真也足够长的发言。平日里，公司组织的每个活动他也都会积极参与，除此之外，他还是公司里加班最频繁的一位。

但遗憾的是，在整个项目组里，他却总是工作完成度最低的那一个。他并不因此而气馁，他总说：“笨鸟先飞嘛！”确实，他拥有一切努力者的品质，他勤奋，从不怕累，愿意付出比别人更多的时间和精力；他谦虚，不懂就问，无论是新人还是老员工，只要他自认为不如对方，他就会虚心去请教。

小蔡还经常犯错，每一次犯错都会有人站出来帮助他纠正，当时他也的确努力地更正错误，总结教训。但过不了多久，同样的错误他还是会犯。

去年公司年会上，小蔡喝得有点上头了，忍不住和同事抱怨：“我来公司也有些年头了，为什么工作业绩迟迟没有提升，白白付出了那么多的努力，不见一点回报，马上就要到而立之年了，再不升职真不知道该怎么办啊！”

后来，长期的过度劳累让小蔡的身体吃不消了，白头发越来越多，脸色越来越不好，整个人看起来特别憔悴。

生活中如小蔡一般忙碌却迟迟不见回报的人不在少数，他们胸中有一腔的热血，有足够的毅力去坚持，也曾付出了实实在在的努力。他们把一天所有的时间都安排得满满的，但越是这样拼命，离自己的目标反倒越来越远，忙碌和努力是两回事。

努力是好事，但漫无目的又不能做出合理安排的努力只是在麻木自己，这是一种“假努力”，“假努力”有的时候比不努力更可怕。

“假努力”让我们的精神持续性地紧绷，身体长期处于一种疲劳的状态，久而久之就会影响到我们的身体健康。同时“假努力”给我们的内心带来了一种慰藉，它消除了我们内心因为怕落后而产生的恐慌，但这不过是一碗蒙蔽自己同时又欺骗他人的毒鸡汤罢了。“努力”过后，我们仍旧在原地，不曾前进半步。

努力不仅需要满腔的热血和坚韧的性格，还需要一个明确的目标，有了目标才能有的放矢，接下来还需要制定合理可行的计划，再有条不紊地去实施。

拿读书来说，一个真正努力的人拿到一本书后会做一个大概的了解，然后定一个目标，比如“一周读完这本书”“三个月系统地了解一个历史人物”等等。有了目标后，再根据自己的作息时间简单地制定一个规划，如：“每天读50页”“每天读两个小时”等。这样不仅能减弱人在面对一本厚厚巨著时的恐慌，也能实时了解自己的进度，做好整体的把控。

当然，一个真正努力的人不会为了追赶进度而草草完成每天给自己定下的任务。他们会认真地阅读完成每天安排下的内容。无论自己多忙，只要开始了一个计划，就会耐着性子，一丝不苟地去完成。一个计划如果不能踏踏实实地去执行，那之前的目标和计划都是空谈，你的努力不过是一个漂亮的口号而已。

会努力的人还有一个共同的特点——会合理地利用碎片化的时间。除去工作和学习的时间，零零散散的时间是我们提升自己最好的时机。早晨上班，在地铁公交上，午饭之后的闲暇时间，睡觉之前躺在床上的时间，都是提升自己的好时候。这些时间可以读读书，学一门外语，也可以小小地闭目养神一会。零碎时间的收益依靠的是持之以恒，只要坚持下去，就会有不一样的收获。

要记住，努力从来都是你一个人的事情，不要总是炫耀你的努力，也不要总表现得很忙碌。你装出来的忙碌在别人眼里不过是一个笑话，而你实实在在的努力才会让别人刮目相看。

真诚地对待自己的目标，踏踏实实地去执行，要做一个会努力的人，而不是一个看起来很努力的人。

7. 最优秀的人是最会休息的人

一位记者曾经向爱因斯坦咨询过成功的法门，爱因斯坦给出了一个公式：A = X + Y + Z。A 代表着成功，X 代表着辛苦工作，Y 代表着休息，Z 代表着少说空话。在爱因斯坦的理解中，休息是成功中至关重要的一环。

我之前的同事涛哥发了一条朋友圈，内容大概是他在新的公司升职加薪了，对于涛哥取得的成绩，我一点都不吃惊，涛哥这样优秀的员工，到哪都能做出成绩。

那时候，涛哥虽然不是公司里最出色的人，却是公司里最会休息的人。为了不在上班的路上浪费过多的时间，涛哥忍着高房租在公司附近租下了房子，虽然住处离公司不远，但他仍旧起得很早。

涛哥的早晚两餐向来都是自己做的，吃过早餐之后他会选择步行去上班。也曾有人建议他买一辆自行车，这样会省很多时间。但涛哥却宁愿早起一会，走个二十分钟，他把这二十分钟的步行当成了散步，他说："二十分钟的散步能换来一上午的精神。"

工作中，他每隔一个小时就会站在窗前向远处眺望个三五分钟，让长期盯着电脑的眼睛放松一下。公司中午十二点下班后会有两个小时的午餐和午休时间，其他同事吃完饭就回到公司聊天，打游戏，而涛哥却静静地坐在那里听着音乐浏览当天的新闻，时间过了午后一点他会用剩下的一个小时来午休。

晚上下班后涛哥同样是步行回家，回家的路上他就顺便把晚饭的食材买好，回家做饭吃饭之后就躺在床上读一个小时的书，到了晚上十点半左右，涛哥一定会关掉灯，安安稳稳地睡去，从不熬夜。

涛哥总是自豪地说，这样的习惯他从大学毕业一直保持到现在。充足的休息让涛哥时刻都保持着充沛的精力，在工作中他总能投入比别人更多的注意力，也总能比一般人完成得更加出色。

这是一个竞争激烈的时代，每个人都害怕慢了别人一步，我们无时无刻不在忙碌着，希望做一只陀螺，永远停不下来。每天早早地来到公司，下班后再额外地加一个小时的班，算下来一天工作的时间远远超过了八个小时，到了周末，还会抽出一天时间来加班。

我们是足够拼命了，也足够累了，但付出的这些劳累却没有得到应有的回报。我们面对的现实是大多数人忙忙碌碌，却距离理想的“优秀”越来越远。

这时我们应该静下来，好好想想，自己持续性地努力却换来持续性的平庸，这真的只是因为自己还不够拼吗？看看那些优秀的人吧！他们活得轻松自在，工作上却总是遥遥领先，究其原因，主要因为效率的不同。效率是工作量和工作时间的比值，单纯地增加工作时间只会降低效率。

列宁说：“会休息的人，才会工作。”其实休息也是工作的一部分，没有人能一直狂奔，适时的休息一下是为了接下来跑得更快，更远。在学生时代，我们会发现，班上成绩最好的往往不是班里最努力的。网上流传出来的那张“凌晨四点半，哈佛图书馆灯火通明”的照片也早已被人证实是子虚乌有的事情。

《纸牌屋》中的主角弗朗西斯每天在外面与别人钩心斗角，斗智斗勇，回到家里还有一个强势的妻子，但每当他累了倦了就会钻进屋子里打一会电子游戏，这是他的休息方式。

在当今高强度的商业社会中，“会休息”已经成为了一种必不可少的职业能力，它和沟通、表达、讲演、时间管理一样，是你能力的一部分。“会休息”让你褪去工作中的疲惫和压力，休息过后重新以高昂的斗志投入到工作中。

有的人以为好好休息就是疯玩猛睡，所以，一到周末他们便三三两两地聚在一起，喝啤酒吃炸鸡加 K 歌，疯狂地玩个通宵，回到家后倒头就睡。周一上班后仍旧是一副疲倦的身体。疯玩猛睡的休息方式要比上班更累，休息本应该是一个充电的过程，疯玩猛睡只会让所剩不多的电量被消耗得一点不剩，手机在用光电量之后会损耗电池，人也是一样的。

真正的休息不是常规意义上的“享受”和“爽”，“享受”和“爽”只能给我们一种感官上的刺激，又使我们的精神和身体变得更加疲倦。休息应该是温和的，例如周末在家悠闲地做做家务，遛遛狗，散散步，和家人一起做一顿丰盛的午饭，或者出去看看展览，在这种温和的活动中，疲倦的身体，紧张的精神才能得到充分的放松。

会休息的人总能在忙碌的生活中抽出休息的时间。早晚上下班在公交和地铁上，可以闭着眼睛听听音乐，工作累了可以喝一杯热水，看看窗外……

适当的休息从来都不是前进中的阻碍，古人说：“磨刀不误砍柴工。”休息好才能工作好。

8. 做个会倾诉的人

在一则名为《国王长着驴耳朵》的外国童话里，国王长着一对驴耳朵，许多给他理发的人都因忍不住泄露了国王的秘密而被杀。有个理发师给国王理过发之后也被同样的问题困扰着，医生建议他去找一个树洞，对着树洞一吐为快，理发师照着医生的建议去做了，果然说出来之后心情好多了。

无论是内心的秘密，还是心中的情绪，总有想要诉说的时候，但我们又习惯了含蓄，总想依靠自己来缓解想要倾诉的强烈愿望，这样一来只会增加我们的心理负担，让自己变得郁郁寡欢。该诉说的时候一定要说出来，有的时候我们真的需要一个坏情绪的垃圾桶。

倾诉其实很简单，只需要把不该对别人说的话说给对的人听就好了。但真要做到却不简单，首先你需要找到一个真正“对的人”，这个人要足够值得信赖。如若不然，还是继续忍着吧，贸然找那些看似亲密的人去诉说只会给你带来意想不到的灾祸。

小周是一个柔弱的小女生，而她的顶头上司却是个脾气暴躁的中年男人。一次，顶头上司在没弄清楚事情原委的情况下就狠狠地骂了小周一通，小周委屈地哭了。

同一组的一位女同事见小周心情不好就提议下班后一起去逛街，吃点好吃的。饭桌上小周向这位同事一吐胸中所有的不快，这位同事还安慰她："咱们的领导就是那样的人，刀子嘴豆腐心，别看他骂得凶，其实他可好了，你也别太往心里去。我们是好姐妹，真不希望看到你伤心。"

小周见同事这样关心她，就又忍不住哭了，边哭还边数落自己上司。一旁的同事赶紧安慰道："别伤心了，咱们还要靠他吃饭呢，忍忍吧！"小周见同事这样说就产生了逆反的情绪，一怒之下把顶头上司那点不光彩的私事全都抖了出来，听得旁边的同事目瞪口呆。

说完之后没一会，小周就和同事分开回家了。过了段时间，小周因为工作上的事情和这位同事大吵了一架，这位同事愤怒地把小周说的关于上司的坏话一句不差地全都转达给了上司。一周后，小周被调到储运部清点库存去了。

发牢骚找到合适的人很关键，并不是所有人都愿意做你坏情绪的垃圾桶，有些居心叵测的人会在你最需要倾诉的时候，伪装成你最忠实的朋友，把你心底的秘密全都挖掘出来，然后大肆宣扬，让你身败名裂。

还有一种人，他们压根就不想听你倾诉，他们对你的事情没一点兴趣，当你带着满满的委屈找到他们时，他们会说："多大点事啊，又矫情。"或者成功地把寻求安慰的你变成安慰他的人。找一个真正愿意听你倾诉的人，一个真正能保守秘密的人是倾诉最重要的前提。

当你有了一个称职的“坏情绪垃圾桶”后，你还需要一点勇气。毕竟需要倾诉的事情大都难以启齿或者说出来后可能会破坏一段友谊，影响到自己在别人心中的形象。大多数的男人会有这样的顾虑，男人总认为倾诉不够“爷们”。

有研究表明，女人的平均寿命远高于男人，这或许与女人总喜欢找人唠唠叨叨有关。大多数的女人要比男人更善于倾诉，倾诉能降低患心理疾病的风险。男人胸中郁闷的时候需要勇敢地向妻子、朋友倾诉，倾诉要比忍耐和“借酒消愁”更健康，也更高效。

当然倾诉并不一定要说出来，你也可以写出来。很多人都有写日记的习惯，夜深人静的时候，点亮一盏台灯，静静地把所有的不开心都写在纸上。写，虽然比说慢，但也正因为慢，写完之后才会有一种如释重负的感觉。互联网时代，我们渐渐地遗忘了书写的乐趣，其实书写也是一种很好的倾诉方式，有的时候纸要比人更可靠。

倾诉还需要讲究一定的时机和环境。无论是倾诉还是被倾诉，双方都需要一个空闲的时间和一个安静舒缓的氛围。在对方繁忙或其自身情绪不佳时进行倾诉，不仅不能给自己带来帮助，还可能招来对方的反感，倾诉之前最好先确认对方是否方便，避免给对方添更多的麻烦。

倾诉也不是多多益善，倾诉也要有个度，过了这个度就是“发牢骚”了。谁都不喜欢总是发牢骚的人，毕竟我们是在把不良的情绪传给对方，谁会愿意一直被别人当成“坏情绪的垃圾桶”呢？就算对方足够耐心地听你倾诉，但别忘了，人的承受能力都有个限度，超过这个限度，对方也束手无策。

倾诉要找到对的人，也要分清时间和地点。别把倾诉想得那么简单，也别把倾诉看得那样困难，找对方法，适度的倾诉会还你一颗充满阳光的心。

9. 找个没人的地方，狠狠哭一场

你有多久没哭过了，一个月？半年？两年？或者更久。一个男人，可能从他不再是男孩的时候起就再也没哭过。小的时候，我们几乎每天都会大哭一场，哭过之后就是一张灿烂的笑脸，长大后我们不再痛哭，笑容也变得不那么真实。

想哭的时候就找个没人的地方，狠狠地哭一场，纵使常言道“男儿有泪不轻弹”，可也是“只因未到伤心处”，有时候，泪水才是治愈伤心的良药。

雅楠失恋了，沉浸在失恋的痛苦中难以自拔，持续性的情绪低落影响到了她的工作，她被公司辞退了。爱情和事业上的双重受挫让亚楠的人生一下子跌落至谷底。

即使这样，向来把自己称为“女汉子”的她也没掉过一滴眼泪。雅楠整天整天地窝在屋子里不出门，一日三餐也都敷衍了事，不到一个月人就变得格外憔悴，肤色蜡黄，目光呆滞，还有重重的黑眼圈，更为严重的是她不再愿意和别人交流。

朋友不忍见她继续这样下去，便来到她家，对她说；“想哭的话就去找一间没人的屋子，一个人痛痛快快哭个够，哭完就好了。”雅楠听取了朋友的建议，她在一间没人的屋子里狠狠地大哭了一场。哭完以后，她的脸上有了久违的笑容，不久她找到了工作，开始了新的生活。

长大后，我们不自觉地把哭泣等同于懦弱。其实，哭泣是人之常情，这无关强弱，再坚强的人也会有想要痛哭的时刻。哭泣是最原始的情感宣泄方式，它就像一场积蓄良久的大雨，大雨会冲散天空中所有的乌云，大雨过后的天空会更加晴朗。

哭泣能治愈人心灵的创伤。科学家发现，哭泣时流出的眼泪能排出人体内过多的激素，正是这些激素让我们产生了烦恼。

美国的一位生物学家曾做过一个有趣的实验：他先让志愿者看一部催人泪下的电影，当志愿者们被感动得痛哭流涕时，让他们把眼泪滴进准备好的试管里。在对这些眼泪经过一番研究之后，生物学家发现这些眼泪中含有儿茶酚胺。这是大脑在压力之下会释放的化学物质，过多的儿茶酚胺积攒下来有可能引发心脑血管疾病，甚至会导致心肌梗死。哭泣，其实是在排毒。

中国的一位心理学家认为在激烈的社会竞争和巨大的生活压力之下，眼泪成了一种“奢侈品”。尤其是男性，他们从小就被灌输哭泣是“没出息”的表现，这让男人们丧失了哭泣的能力。在情绪低落的时候，内心非常痛苦的时候，无论是谁，都需要眼泪。

该哭的时候不哭，一味地去忍耐，负面的情绪在心里憋得久了会产生更为严重的后果——精神萎靡、情绪低落，甚至还会导致失眠、食欲下降、厌世轻生。该哭的时候就要哭出来，哭泣不是懦弱，强者也并非没有眼泪，睿智的战士从不畏惧泪水，哭完才能更好地上路。

王先生总被朋友们说“酒品不好”，因为他喝醉了就喜欢哭。见过他痛哭的样子的人都会感到惊讶，原来平时总是嘻嘻哈哈的王先生也有这样伤心的一面。

一次偶然的机会，我被邀请到王先生家喝酒。刚开始推杯换盏，王先生就有点上头了，他酒量真的不大。接着他就开始跟我倾诉心中的苦恼，见我听得认真，他说得更加起劲了，结果他越说越伤心，最后竟然抱着我痛哭了起来，哭着哭着他就睡着了。

晚上我就睡在他家，第二天王先生早早地就醒了。他把桌上的杯盘狼藉收拾得干干净净，比屋子更干净的是王先生的心情，无论从哪里看，都看不出他昨晚伤心痛哭过。

后来我才知道，这也正是王先生时刻保持快乐的秘诀。每当心里难受了，他都会找一个朋友喝一会儿，喝酒不是目的，他是借着酒劲哭出来，哭完之后一切痛苦就烟消云散了。

心理学家吉尔博士认为：那些被社会教育成不能哭的人，需要去重新学习哭泣的能力，尤其是男性。博士在她的著作《你的第二人生》中曾提到过不会哭泣的人要学会“哭泣的技巧”。

关于“哭泣的技巧”，书中这样描述：当你确信不会有电话和访客干扰时，舒服地坐下，将你的手放在胸前颈骨上方，呼吸只到手放置的地方，别更深，开始急促地吸气呼气。同时发出婴儿一样的哭泣声，仔细听，感受其中的悲伤，允许自己低泣，回想伤心的往事，发出与之相配合的伤心的声音。你若感到太阳穴隐隐作痛就可做此练习，因为那是你抑制哭泣的信息，你积累了过多的压力，才会眼花头痛，你应挪出时间做一下哭泣运动。酝酿足够的感情，哭上几分钟，就能缓解。这时你能感受到解脱，也就是放松。

想要哭泣的时候，正视生理的诉求，不要顾虑太多，哭就是了。但也要注意，哭泣也要适可而止，过多的哭泣也是损害身体的，一般以 15 分钟为哭泣的上限。

第七章

看得清、想得开、放得下

1. 福祸总相依，一时得失要看淡

《道德经》中说："祸兮，福之所倚；福兮，祸之所伏。"这是说祸和福总是相依相伴的，经受"祸"的时候不要丧失了对"福"的希望，在享受"福"的时候也不要忽视了"祸"的存在。"塞翁失马"的故事也在告诉我们不要过于看重一时的得与失，要相信失去的总有一天会以更加美好的形式回馈于你。

李涛大学读的是金融专业，毕业后很顺利地进入了金融界工作。为了在行业里有一番作为，他立志要考中国人民银行总行的研究生。可是，天不遂人愿，尽管他把所有的参考书目全都翻烂了，却屡屡不中。

他性格又比较倔强，越是考不上就越要考。平日里除了工作和备考，他把剩下的时间都用在了自己的兴趣——钻研古钱币上。久而久之他在古钱币研究方面有了一点小小的感悟，一些同道的朋友经常拿着搜集来的古钱币找他请教，他都能不厌其烦，一一做出详细的解答。

慕名而来的人越来越多，已经严重地影响到了他的备考，他索性一劳永逸地把自己对古钱币的研究写成了一本小册子，每当有人来请教时他都会拿出这本小册子给对方看。

后来，他考试再次落榜，正当他气恼不已的时候他的那本小册子被一位研究古钱币的专家看到了。专家对他的小册子做出了很高的评价，并建议他增补修订一下拿去出版。他的小册子出版后销量很好，没几年他就在古钱币界混出了名声。

生活总有不如意的时候，总沉浸在悲伤之中是解决不了任何问题的，低沉的情绪只会让糟糕的事情雪上加霜。不如换一种心态，想一想，我们在为了某一方面的失去而闷闷不乐的时候，是不是也忽视了那些已经得到的。

我们之所以活得不够快乐，很大程度上就是因为我们把得失看得过重。我们拼了命地想要去获得更多，却又小心翼翼地防止失去一丝一毫。我们把升职加薪，评选先进，获得利益当做“得”，而拼了命地去争取，甚至为了达到目的不惜一切代价，把丑事做尽，正当我们为“辛苦”得来的荣誉和利益洋洋自得的时候，却不知我们已经失去了最为宝贵的良知和道德，快乐和心安。

得与失远没有我们看到的那样浅显，看透一时得失的人是睿智的。他们明白树干舍弃了秋天的枯枝败叶是为了来年春天更加繁茂，适时地失去一些东西才有可能得到更多的收获。

一年一届的南瓜大赛如期在美国俄亥俄州举行，谁家种出的南瓜最大谁就夺冠，冠军得主不仅会有丰厚的奖金，他的南瓜也会因此而销量大增。一位叫做汤姆的年轻人已经蝉联了好几届的冠军，他的南瓜总是又大又甜，但他从不吝啬，每次得奖后他都会把自己培养出的南瓜种子免费分给大家。

小镇的居民纷纷表示不解：“你花了那么大的心思，辛辛苦苦才培养出的优良品种为什么要分给我们？就不怕我们种出的南瓜超过你，抢了你的冠军头衔？”

汤姆笑笑回答：“我把种子分给了你们，我自己也会收到好处的。”

原来，小镇上各家的瓜地都连在一起，汤姆把自己的优良品种分给邻居后，每年在蜜蜂传授花粉的过程中，就不用担心自己的南瓜被授以劣质品种的花粉了。

汤姆把自己优良的南瓜种子免费送给小镇上的居民，常人看来这简直就是一件“愚蠢的事情”。他不仅要付出大量的种子，还要承担冠军被抢的风险，丢了冠军就少了一笔丰厚的奖金，自己南瓜的销量也会受到影响，无论从哪方面看都是一桩亏本的生意。但汤姆却看得更远，想要南瓜持续性地品质优良，他必须舍弃一些东西，对于他而言，舍弃的这些都是值得的。

上帝总是公平的，他总会让每个人的命运都保持一定的平衡，一时失去的会用其他的形式予以补偿。当你为了眼前得到的而沾沾自喜的时候也要小心潜藏的风险。

我们要平淡地看待生命中的祸福得失，失意的时候要有“失之东隅，收之桑榆”的豁达与乐观，春风得意的时候也要有忧患之心，总之，一切都以一颗平常心去看待即可。

2. 看淡生活中的不平事

比尔·盖茨说过：“生活是不公平的，你要去适应它。”一个人从出生开始，就在经历生活的不公平，有的人出生在设备先进的病房里，而有的人却只能出生在自家黑乎乎的土炕头。有的人去世重于泰山，举国哀悼，有的人的去世却轻如鸿毛，只有一张草席裹尸。

那些死后受到举国哀悼的人并非都出身高贵，而那些含着金钥匙出生的也很可能会落得个无人收尸。人的一辈子怎么活，从来都不是由出身决定的，命运向来都是不公平的，正视它，适应它，才有可能完成逆袭。

两个女孩，她们的出身有着天壤之别，在她们的心里却有着同样的梦想。

一个女孩，父亲是某大型公司的高管，母亲是大学教师。这个女孩长得漂亮，还是国内顶尖大学播音系毕业，她的梦想是做一名优秀的电视节目主持人。她认为自己很有天赋，口齿伶俐，反应敏捷，一口标准的普通话。她天生就有一种让人亲近的感觉，无论是谁，见到她都忍不住说几句心里话。她也常说："只要给我一次上电视的机会，我一定会一炮而红。"

但毕业好几年了，她的梦想一直没能实现，她也去过电视台工作，但她吃不了那份苦，没几天就辞职了。

另一个女孩同样漂亮，却并不如第一个女孩那样优秀。她毕业于某三流大学的理工类专业，却有着一个做主持人的梦想。毕业后家里拿不出钱让她接受专业培训，她就边工作边自学，先从纠正不标准的普通话做起，后来有了点积蓄她全都用在了培训上。

培训结束后她辞掉了工作，开始应聘电视台的职位。她跑遍了全省大大小小的电视台都被以各种理由拒绝了，但她不放弃，最后终于被一家小小的广播站录用了，她在广播站除去做深夜的栏目外还兼职做其他节目。偶然的机会，省电视台的领导发现了她，把她叫到省电视台试镜。结果，她被录用了，终于实现了自己到电视台做节目主持人的梦想。

同样的梦想，天差地别的出身，但结局却令人惊讶地截然相反，被命运不公平对待的女孩实现了自己的梦想，而那位被命运之神眷顾的女孩却仍旧在等待。正如科比在职业生涯结束时说的：“传承是要靠自己去争取的。”

命运固然不够公平，但你喋喋不休地抱怨有什么用呢？你的抱怨会让命运的齿轮倒转吗？在命运的不公平对待下，我们想到的第一件事情就是改变，人要改变只能改变自己，既然命运已经如此，与其在抱怨中沉沦下去不如去争取一下，出身是注定的，未来是要靠争取的。

改变之前先要去大胆地接受命运的不公平，平淡地看待生活中的不公平才有资格向命运挑战。

一个年轻人，他的母亲在他10岁的时候就过世了，7年后他的父亲又死于车祸。双亲亡故，他没了依靠，只能辍学到工地打工，以此来谋生，不幸的是在他20岁的时候在工地遭遇了一场事故，他失去了右腿。

坚强的他自学了养殖技术，拿出所有的积蓄，又四处借了一点钱办起了一个小鱼塘。最开始的那几年，他的生意很不错，他还了债，盖起了新房子，还娶了媳妇。但好景不长，一场突如其来的瘟疫夺走了他的一切。

他忍无可忍，找到了上帝，愤怒地指责上帝：“你为什么对我这么不公？”上帝答：“我哪里对你不公了？”他诉苦般地把自己的经历讲给了上帝听。上帝听罢问道：“既然这么惨，你为什么还要活下去？”

年轻人咆哮道：“我要活下去，我已经经历了那么多，害怕什么，终有一天我会创造幸福的！”上帝笑了，他打开地狱之门，指着一个鬼魂让年轻人看，上帝说：“那个人生前比你幸运多了，他也经历了一场瘟疫，不同的是他自杀了，你还坚强地活着……”

命运是无法扭转的，如果我们一味地去抱怨，我们将在怨天尤人中忧郁地沉沦下去，不公平的仍旧继续不公平，最后只能被生活打败，接受现实。

想要改变命运只有接受眼前的不公平，相信努力的力量，相信终有一天你们会创造幸福。正如普希金在《假如生活欺骗了你》中说的：“假如生活欺骗了你，不要忧伤，不要气恼，不顺心时暂且克制自己，要相信，快乐的时日一定会来到。”

人生就像打牌，当发到你手里的是一副烂牌的时候，无论是骂骂咧咧地抱怨，还是干脆选择放弃，最后都只有输的结果。如果你重新审视手中的这副牌，随机应变，打着打着，说不定就能把一副烂牌打活。当然，前提是你得冷静地审视手中的这副牌，不悲哀，不焦虑，也不抱怨。

3. 事情没有你想象的那么糟糕

我们总是习惯性地给自己带上望远镜，奋力地向远处望，担忧着那个虚幻的未来，担心一些将会发生的事情。实际上，事情没我们想象得那样糟糕，我们所担心的，有 99% 根本就不会发生，很多时候我们只是在给自己制造一种紧张而恐惧的气氛。

余洁的身体状况一直都不是很好，结婚后一直没要孩子，吃中药调理了一年多，终于怀孕了。这可是让全家人都开心的好消息，她一下子成了全家的重点保护对象，老公变得更加贴心了，婆婆也是三天两头往家里跑，每一次来都会做一桌子好吃的。

高兴之余，余洁却陷入了一种莫名的不安，一个人的时候她总会胡思乱想，还经常性地做一些奇奇怪怪的梦：今天梦见自己的孩子得了唇腭裂，明天梦见自己生了一对连体婴儿，或者孩子生下来不会说话……每次从噩梦中醒来，她都会查阅很多孕育类的资料，检查自己有没有病变的征兆。

她变得疑神疑鬼起来，今天害怕孩子被电磁辐射影响，让丈夫把电脑和手机全都拿出卧室，明天又和丈夫抱怨刚怀孕的时候没有补充“叶酸”，她总能找到让自己心里不安的理由。

丈夫只好带她去医院做产检，产检的结果显示她的各项指标都很正常，她又担心医院的设备陈旧，很多细节查不出来，又要求丈夫带她去大城市的专科医院做产检。怀孕五个月了，余洁一直都是这样，搞得全家人都心神不宁的。

医学上把余洁的这种现象称为“致畸幻想”，就是怀孕的准妈妈由于对肚子里的宝宝过度紧张，做出不自觉的各种各样的畸形假设。她们对此忧心忡忡，甚至草木皆兵，即便医院的诊断证明一切都好，也难以驱除她们内心的阴影。这不过是第一次做准妈妈的妇女，因过于担心宝宝健康而产生的紧张情绪罢了，她们担心的事情大多数的时候是不会发生的。

不仅孕妇如此，在平日里我们也会有各种各样的担忧，工作压力大的人会担忧自己猝死，大龄女会担忧自己嫁不出去，即便什么事情都没有也会担忧自己身患重病……

虽然你认为自己的担忧都有理有据，但大多数的时候你所凭借的理由和依据不过是在捕风捉影罢了。过度的担心只会加重你的心理负担，让你变得紧张和敏感，与其恍恍惚惚地胡思乱想，倒不如脚踏实地地着手去干，将最坏的结果扼杀在摇篮里。

英国的威廉·奥斯勒爵士，是一位攻读医学的医科学生，他的成绩并不差，但在快要毕业的时候他总是忧心忡忡，食欲下降，有的时候还会失眠，他担心的问题很多：毕业论文万一通不过怎么办？毕业后我该去哪里发展呢？万一找不到工作怎么办……

某一天，他在一本书上看到这样一句话：不要去看远处模糊的东西，而要动手做眼前清楚的事情。这句话让他顿时惊醒，他不再担心未来那些“将会”面临的问题，而是从好好准备论文开始，踏踏实实地做好眼前的工作。最后，他成了英国著名的医学家，举世闻名的约翰·霍普金斯医学院就是他创建的。

我们之所以会去担心那些“有可能会出现”的问题，只是因为自己的内心不够强大，不能给自己安全感。人的心就像一片光秃秃的田野，没有了安全感，那些负面的幻想就会像荒草一样疯狂地生长，清除荒草最好的办法就是在这片土地上种上我们想要的庄稼。

行动是消除恐慌最好的方法，当我们对某件事产生恐慌时就去行动吧，行动中，一步一个脚印的前进会消除我们对未来的恐慌，而最终的事实也会证明我们当初的幻想是多么可笑和荒唐。假如你担心自己患病，不如从现在开始培养健康的生活习惯；如果你担心失业，不妨从现在开始在工作上多尽一份心力；如果你担心自己的婚姻，不妨留心身边的人，好好地谈一场恋爱……

我们时常忧虑明天，可明天究竟是什么样子没人知道，也许你也有这样的体会：很多当时让你忧心忡忡的事情，最后根本就没有发生。在事情发生之前，应当针对可能出现的后果做出心理准备或想好应对方法，像无头苍蝇那样的忧虑完全无助于事情的解决。更何况，大多数的事情远没有我们想的那样糟糕。

4. 人生低谷时，要放自己一马

有人说："失败是一根绳子，有的人用来继续攀爬更高更陡的山峰，有的人却把它当作了自缢的工具。"人的一生起起落落是再平常不过的事情，失败和犯错并不都是否定，他们更多是肯定之前的铺垫。

当人生跌落至低谷了，再为之前的错误和眼前的失败而耿耿于怀，不肯原谅自己也无济于事。要知道每个人都会有这么一天，谁都无法避免，生活仍旧要继续，也许等到下降到最低点的时候，便会触底反弹。

雅宁刚进入公司不久，就因为办事干练、头脑清晰而受到了领导的器重，这让她很受鼓舞，她暗暗下决心要做出一番成绩来。有一次，领导交给她一个非常重要的企划案，还向她透露："这位客户比较挑剔，但如果你能做好，就是为公司立了大功，将来会有被调到总公司去工作的可能。"

这对雅宁来说既是挑战也是机遇，因此，在这份企划案上她格外卖力。为了尽量做到让客户满意，她经常加班，每天下班后本就不早了，她还会熬夜修改。

可是，就在会议当天，她因为过度紧张而忘拿了一份极其重要的材料，这让本就紧张的她顿时慌了。原本口齿伶俐的她在会议上支支吾吾，失误连连，会议的结果可想而知。

犯下这么大一个错误，公司领导对她失望至极，一段时间内不再愿意交给她重要的工作。雅宁也因为自己既错失了升迁的良机又失去了领导的器重而懊恼不已。那段时间她经常自怨自艾，原先饱满的自信心一下子全没了，她甚至会怀疑自己是否真的适合这份工作。她变得自暴自弃，要么就不吃不喝，要么就暴饮暴食，还会一个人拼命喝酒。

领导见雅宁近日来工作情绪不是很高涨，也曾试着找她谈过几次话。领导的谈话虽然让雅宁持续低落的情绪有所缓解，但当初犯下的那个错误始终保留在雅宁的心里，她始终都不肯原谅自己，这让她以后再也没有勇气去接重要的工作了。

很多人在身处人生的低谷时最不能原谅的人是自己，他们愤恨自己，折磨自己，企图用这样的方法来让自己为当初犯下的错误付出代价。但这又会起到什么作用呢？犯下的错误不会因此而改变，就连他们自身也不会因这些折磨就变得更好。这样做的结果只能让他们的心中留下难以抹去的阴影，从此人生的路上会因此而多了一道障碍。

很多事情在开始之前，我们都是怀着满满的希望去做的，也尽了自己最大的努力，但错误和失败还是发生了，身处事件中的我们也为此而付出了沉痛的代价。既然错误是无心之失，既然错误已经无法挽回，既然已经付出了代价，我们又何必再去折磨自己呢？

人生就像爬山，山总是绵延起伏的，低谷总是不可避免的。身处低谷不能总看着身后的山坡和脚下陡峭的山谷，要看到眼前高耸的山，眼里有山才有希望。要知道，在最深的谷的前面等着你的永远都是最高的山。你要做的就是忘记身后的坡和脚下的谷，拿出全部的精神去征服眼前的山。

张潇好不容易才从一个普通的业务员升到了市场部总经理的位置，但天有不测风云，公司出于战略考虑，决定撤销市场部，张潇又从经理变回了一位普通的业务员。他渐渐地丧失了对工作的热情，每天都抱着“混日子”的心态在公司里待着。

某个周末，领导邀请他去爬山。当他们爬上一座小山丘时，领导指着对面的一座大山说：“如果我们要爬上那座大山该怎么走呢？”张潇毫不犹豫地说：“从这儿下去，再爬那座山就行了。”

领导说：“没错，先下山才能上山。你现在刚下山不久，为什么不继续向上爬呢？你看，前面的那座山难道不比咱们脚下的山高吗？还是你已经没有能力再去爬那座高山了？”张潇听完领导的话恍然大悟。

新的一周开始后，他再次拿出刚入公司时的热情去对待现在的工作，几年后，他成功地爬上了“另一座大山”，坐上了当初一起爬山的那位领导的位子。

其实，人生也是会常常清零的。一季庄稼收获之后，无论丰收与否，都只剩下光秃秃的土地；一段感情结束后，无论当初幸福与否，剩下的只是孤零零的自己。这时候不应该对着土地发脾气，也不用埋怨自己。我们需要去打理好这片光秃秃的土地，收拾好自己的心情，为了下一个播种季，也为了下一个相遇。

清零之后我们并非一无所有，无论当初是否丰收，我们种植的技术都有了提升，无论当初幸福与否，在一段感情过后我们总是获得了成长。犯错和失败不是上天给我们的惩罚，而是我们前进路上的阶梯。

5. 没事别和自己较劲儿

你面前有一条路，你知道它能通往你想去的地方，无论多远你都会走下去，这叫做坚持；你前面有一条路，别人告诉你它不会通往你想去的地方，你不信，偏要走下去看个究竟，结果离自己想去的地方越来越远，这叫做固执。坚持和固执看似相差无几，但它们之间相差一个“智慧”，少了这个“智慧”，坚持就成了跟自己较劲的固执。

赵晨是个年轻力壮的小伙子，一天早上他起得晚了，为了不迟到，他一路小跑往公司赶，路上一不留神摔了一跤。事后，他发现自己的一条左腿软绵绵的，使不上劲，也抬不起来，去医院检查后得知自己得了骨癌。

医院给出的建议是立即住院，准备接受截肢手术，这是唯一能确保他生命安全的方法。赵晨非常痛苦，年纪轻轻就得了这么个病，他不愿意后半生与拐杖轮椅相伴，他请求医生采取保守治疗的方法。所有人都劝他要面对现实，他却仍旧坚持自己的决定，医生只能给他采取药物治疗加化疗的方法延缓他的病情。

保守治疗的那段时间他不仅满头浓密的黑发掉光了，身子也变得瘦弱憔悴，最后，病情不断恶化，他不得不接受截肢手术。手术非常成功，医生告诉他再晚一些就危险了，幸好他及时舍弃了一条腿，不然可能在这半年内就要了他的性命。

有的时候固执会给我们一个虚幻却又华丽的梦境，失去理智的我们天真地以为只要坚持下去就有美梦成真的一天，所以无论坚持的代价有多大，路途有多痛苦，我们都在咬着牙坚持着。就像赵晨，他幻想着保守治疗能治好他的骨癌，还能保住自己的一条腿，但残忍的现实摆在那里，让他不得不去接受。直到现实狠狠地给了他一巴掌，他才意识到自己的坚持不过是一种愚蠢的固执。

年轻的我们总是很容易被虚幻的梦境所迷惑，中了邪一般不肯放弃，一次次受伤却又一次次坚持。因为我们年轻，所以我们相信那些不可能的事情，也因为我们年轻，所以我们的很多坚持只是天真的固执。坚持能给我们愿望成真的感动，而天真的固执只能让我们走上一条不归路，落得个遍体鳞伤的下场。

大雨频频的季节让村子旁边的河水大涨，雨却没有停止的意思，村子里街道上的积水已经淹过膝盖了，村民们纷纷疏散避灾。

村子里有一座教堂，教堂中住着一位神父，面对即将来临的洪灾他不仅没有撤离的意思，反倒每天站在积了水的教堂里向上帝祈祷，村民们纷纷劝他离开，他却说："我相信上帝会来救我的。"

没多久，河水决堤了，洪水倾泻而下，村子里的积水一下子淹到了人的胸口。当地政府派出了专业搜救团队，队员们来到教堂见教父在祈祷，便要护送他撤离，教父却坚持拒绝，他还是那句话："我不走，上帝一定会来救我的。"队员们只好离开。

后来教堂被淹了，为了不被洪水冲走，教父只好爬到教堂的楼顶，紧紧地抓住教堂顶端的十字架。相关组织派出一架直升机来营救这位教父，但在面对直升机上下来的搜救人员时，教父说："我不走，上帝马上就来救我了。"

最后，教父被淹死了，洪水过后村民们看到教堂顶上的十字架上趴着一个人，那就是教父的尸体，他至死都相信上帝会来救他。

人的一生处处都是希望，要相信上帝为每个人都准备了许多条不同的道路，这些道路中有的是死胡同，有的却能通向美好的未来。选择对的道路的确很重要，但适时停止错误的更加难得，明知错误仍然固执地坚持下去，只会浪费掉其他美好的可能。

上帝并非对神父的呼救无动于衷，他只是采取了不同的方法去营救。第一次上帝派去了几位村民，第二次他派的是一支专业的搜救队，第三次上帝不惜动用一架直升机，但固执的神父仍旧偏执地认为上帝会闪闪发光地从天而降，把他从洪水中救出来。

我们不能总是责怪上天总爱拿美好的梦境来迷惑我们，有的时候上天也曾大发慈悲，偷偷地告诉我们："醒醒吧，这样坚持下去是徒劳的。"固执途中那一次次惨痛的失败就是上天给我们的提醒，但我们就像那位无知的神父，白白地错过了上天的提醒。

坚持固然是一种可贵的品质，但适时的停止又何尝不是呢？停止需要冷静的头脑也需要足够的勇气，它远比坚持要困难得多。当你发现自己走在一条错误的路上，停下脚步就变成了另一种前进的方式。

6. 既然不幸难免，那就坦然面对

人生有很多痛苦的遭遇是无法逃避的，比如亲人离世、身患重病、天降灾祸……在这些无法避免的遭遇面前，一切的挣扎、抱怨、痛苦都是徒劳的，当这些痛苦的遭遇降临到我们的生命中时，我们允许自己挣扎、抱怨、痛苦，却不能就此沉沦下去，痛苦过后要学会坦然面对。

凯瑟琳和丈夫没有自己的孩子，他们把侄子当成自己的亲生孩子拉扯长大，后来侄子参了军，走上了北非战场的前线。凯瑟琳每天都在盼望他早点归来，可就在北非胜利的捷报传来的时候，她又接到了一封电报，电报是从侄子所在的部队发出的，她的侄子在战场上下落不明。

她一下子晕了过去，邻居把她送到了医院。醒来后，她反复地对自己说：他肯定还活着，否则应该会找到尸首的。靠着这样的想法，她才有勇气继续生活下去。

正当凯瑟琳满怀希望地认为侄子仍旧在世的时候，她又收到了来自部队的电报，电报明确地向她传达了侄子过世的噩耗。

她彻底崩溃了，眼泪止不住地往下掉，过度的悲伤让她不知道自己该如何是好。她白天会整天整天地把自己关在屋子里，看着侄子留下的东西独自悲伤。偶尔遇到登门来安慰她的街坊邻居，亲朋好友，她都会痛苦地向登门的人表达自己的悲伤。后来渐渐不再有人来造访了。

过了段时间，她决定去另一个地方生活，在收拾行囊的时候无意间翻到了一封信，那是她的母亲过世后，侄子写给她的，信中说："当然，我们都会想念她的，尤其是你。不过我知道你会撑过去的，以你个人对人生的看法，就能让你撑过去。我永远也不会忘记你教我的那些美丽的真理，不论活在哪里，不论我们分离得多么遥远，我永远都会记得你教我要微笑，要像一个男子汉，承受一切发生的事情。"看过信后凯瑟琳突然觉得自己不应该再这样沉沦下去，她决定从此接受失去侄子的现实，勇敢地活下去。她好好地洗了个澡，出门前还化了妆，在另一个地方，她和丈夫开始了新的生活。

面对已经发生的灾难，多数人不比凯瑟琳坚强多少。同样，巨大的悲痛让我们失去了冷静的头脑和面对生活的勇气。我们时而天真地幻想着会出现"奇迹"，期待事情会有转机，时而又封闭自己，让自己在痛苦中浸泡着。这都是在折磨自己，已经发生的事情又怎么会因为我们这些不理智的举动而改变呢？

悲剧发生的时候每个人都会伤心，也都会做出一些不够理智的举动，这都是人的本性，没有什么对错。但事情总是要过去的，生活还要继续，过度的伤心是对现实的逃避，这些逃避都是徒劳的，无论你愿不愿意承认，事实都实实在在地摆在那里，逼得你不得不去承认。

与其在现实的逼迫下，一点一点地接受，一次一次地忍受痛苦的折磨，倒不如鼓起勇气，坦然面对所有的事实，伤心过后就把曾经的痛苦抛到一边，重新开始我们的生活。

利兹·维拉斯奎兹出生后不久就患上了马凡氏综合征和脂肪代谢障碍，这让她身体里无法储藏脂肪，全身瘦成了“皮包骨头”。她在17岁的时候，偶然间点开了社交网站上的一个视频，视频的标题是《世界上最丑的女人》，没错，视频中的人就是她。

她继续往下看，各种尖酸刻薄的评论让她难以接受，她曾几度萌生了自杀的念头。幸运的是她迈过了悲伤的那道门槛，她坦然地接受了有缺陷的自己，甚至也开始学着去接受别人异样的目光。当街上有人盯着她看时，她会主动走上前友好地对这个人表达自己不愿意被别人这样盯着看的意愿。

后来她把自己的经历写成了书，分享给那些同样经历着不幸的人，她勇敢地站在TED的舞台上讲述自己的故事。从她直面自己的那一刻开始，她的人生走上了一条上坡路，她从一个默默无闻的丑女孩，变成了一个励志的作家，演说家。

有时候，人生的转机就在你坦然地接受悲惨遭遇的那一刻。从你面对现实起，你不再郁郁寡欢，而会以一种全新的态度，饱满的热情，在残酷现实的基础上开始新的努力。有的人努力更加快乐，有的人努力更加优秀，也有的人努力更加热爱生活，这一切的前提是你要坦然地去接受现实。

现实就在那里，不管你有没有勇气，愿不愿意，都必须去接受，只有主动而坦然地接受现实，才能把握人生。

7. 得不到的东西没有你想象的那般美好

正如陈奕迅的歌里唱的："得不到的永远在骚动，被偏爱的都有恃无恐。"我们生命里越是得不到的东西我们就越是奉若神明，而在手边实实在在的幸福却被我们一点一点地忽视。陈奕迅的这首歌叫《红玫瑰》，它的粤语版本叫《白玫瑰》。台湾填词人李焯雄根据张爱玲的短篇小说《红玫瑰与白玫瑰》把一个曲子填成了两首歌。

《红玫瑰与白玫瑰》中有这样一段广为流传的话："也许每一个男子都有过这样的两个女人，至少两个。娶了红玫瑰，久而久之，红的变成了墙上的一抹蚊子血，白的还是'床前明月光'；娶了白玫瑰，白的便是衣服上沾的一粒饭黏子，红的却是心口上一颗朱砂痣。"

其实，得不到的东西本没有我们想象的那样美好，就像红玫瑰和白玫瑰，得不到的时候它们一个娇艳一个圣洁，但得到了之后也会如蚊子的血，衣服上的米一样平庸。生命中大多数的人和事本没有神圣与平庸之分，只有珍惜与不珍惜，而我们痛苦的根源就在于苦苦地追求错误的，却错过了眼前的。

萱萱暗恋一个男生两年了，两年间萱萱不止一次地向男生发出暗示，每一次男生都哈哈一笑，当做什么都没发生过，但事后又总和她保持着暧昧的关系。萱萱一直安慰自己：这样就已经很好了，能像情侣一样一起逛街，一起看电影就已经很好了。她相信男生总有一天会被她感动。

直到有一天，萱萱在街上见到男生拉着另一个女生的手甜蜜地走在一起。萱萱给自己搭建起来的未来一下子崩塌了，她回去后立马拨通了男生的电话，那边的男生若无其事地说："我找女朋友关你什么事。"

此后的一段时间里，萱萱请了一个星期的假，每天把自己关在屋子里，不吃也不喝，只是不停地翻着手机里暧昧的聊天记录，沉浸在回忆中痛苦得难以自拔。亲戚朋友纷纷来劝她，但谁的劝她都听不进去。闺蜜们曾提议介绍一个更加优秀的男孩给她认识，她也曾试着去相处，但不多久就宣布失败了。

父母急得无可奈何，只好带着萱萱去看心理医生。医生说："如果那个男生和你在一起之后再抛弃你，你会更加伤心的，所以你应该感到庆幸，没有被这样的男人毁掉。"医生还说："你的生命才刚开始，还有大把的时间去等待更好的。"

萱萱听了医生的话瞬间释然，眼睛里又焕发出了昔日的光彩。一来二往她看这位医生的眼神也不一样了，在和医生对视的那一瞬间忽然有了怦然心动的感觉。以后就诊的时候他们聊的话题渐渐地偏离了萱萱的过去，他们谈电影、谈美食，在和这位医生聊天的时候萱萱体验到了从未有过的轻松和快乐。不久萱萱和医生在一起了。

心理学上有一个名词叫做"蔡格尼克记忆效应"，它指的是：人们对于尚未处理完的事情，比已处理完成的事情印象更加深刻。人生来就有一种"完成欲"，例如我们在写信的时候圆珠笔突然不出水了，大多数人选择的是把它修好而不是换一支笔继续写下去。

追求也是同样的道理，无论我们追求的是人还是事，当追求开始之后就被这种“完成欲”控制着，很多时候我们之所以不肯放手并非真的深爱某人，或者忠于某事，不过是想把这个过程完成罢了。在“完成欲”的支配下我们不知疲倦地追逐着那个错误的未来，不知不觉中却错过了精彩的现在。

电影《夏洛特烦恼》中早已结婚的夏洛参加了梦中情人秋雅的婚礼，婚礼上，喝多了的他趴在马桶上吐着吐着就睡着了，梦中他回到了高中时代。

梦里的他是带着未来思想的高中生，凭借着关于未来的知识他过上了梦寐以求的生活，他成了名人也娶了秋雅，但“爱情事业双丰收”的他渐渐地发现当初自己做梦都想过的生活并不是自己真正想要的，从梦中醒过来后他不再痴迷秋雅，也不再做白日梦，而是踏踏实实地跟自己的妻子马冬梅过属于自己的生活。

我们没有夏洛的好运，可以在梦中体验一回梦想的人生，但我们可以尝试着去热情地投入到当前的生活中去，也许你就会发现，眼前的生活才是你真正想要的。

周星驰的《大话西游》中有句经典台词是这样说的：曾经有一份真诚的爱情放在我面前，我没有珍惜，等到失去的时候我才后悔莫及，人世间最痛苦的事莫过于此。世事无常，珍惜眼前，永远别因为那个虚幻的梦和偏执的“完成欲”而错过了当前的美好。

8. 曾经的伤痛，要学会放下

鲍鲸鲸的《失恋 33 天》中有这样一段话：在故事的最开始，我们以为对方是自己人生里最不能错失的那个唯一，但到最后才颓丧地发现，你不是非我不娶，我不是非你不嫁，只是个太伤人的误会而已。既然是误会，无论它有多伤人，终究都要放下，失恋的伤痛，33 天足够去放下了。

崔智波曾有个非常漂亮的女朋友，他很爱她，崔智波声称为了她可以牺牲自己的一切。在崔智波的百般呵护下，女友体会到了从未有过的幸福，两人在一起幸福地度过了好几百个美好的日日夜夜。可就在崔智波向女友提出结婚的要求时，女友迟疑了。

女友自有自己的想法，在女友的眼中，崔智波是个完美的男朋友，却不是一个可以托付终身的人。她觉得崔智波贪图安逸，没有远大的抱负，事业上甘于平平淡淡。而崔智波也确实是把事业放在爱情之后的，这也让他在工作上一直都没有丝毫起色。

经过内心的一番挣扎后，女友决定把自己想法告诉他，这让他们原本幸福的感情一下就终止了。突如其来的分手让崔智波痛苦不已，他几乎无时无刻不在思念女友，也想尽了一切办法去挽回，但女友不给他任何希望，他只能每天偷偷地对着女友写给他的情书流泪。

一晃二十年过去了，已经是不惑之年的崔智波仍旧孤身一人。一位在佛学院任教的大学同学得知了崔智波的情况，号召大家聚一聚，也想劝劝昔日的老同学。

一个周末，多年不见的大学同学在崔智波家里聚起来了，同学们边吃边聊，都很开心。趁着大家都在喝酒，这位佛学院的讲师和崔智波拉起了家常，他委婉地把话题转移到了情感方面，还请求崔智波把当年那个女孩写给他的情书拿出来，让他看一下。

崔智波走进书房，拿出一本装订得相当考究的册子，小心翼翼地向这位同学递过去。从崔智波的眼神里，这位同学知道，二十多年过去了他仍旧没有走出失恋的伤痛。这位同学接过手后，大概翻了翻，三下两下就把这本册子撕得粉碎，大家被他的举动惊得目瞪口呆，崔智波更是气得吹胡子瞪眼，这位同学只说了一句："走了的东西是留不得的。"

神奇的是，没过多久崔智波就走出了折磨他二十多年的情伤，他开始了一段新的感情。

相遇总是美好的，张爱玲在她的《爱》中这样写道：于千万人之中遇见你所遇见的人，于千万年之中，时间的无涯的荒野里，没有早一步，也没有晚一步，刚好赶上了，那也没有别的话可说，唯有轻轻地问一声："噢，你也在这里吗？"

这样的美好需要难得的缘分。因为相遇的美好，也因为它的难得，所以我们对在一起的时光倍加珍惜，我们愿意为了好不容易才遇到的那个人奉献出自己的一切。有时候越是珍惜的东西越留不住，比如爱情，也正因为我们格外珍惜，它的离开才让我们悲痛得难以自拔。

要知道不仅相遇是一种缘分，分离同样也是一种缘分。分离固然让人受伤，但在伤痛的背后往往是难以为继的感情。一段深厚的感情，除非是迫不得已，没人愿意提出分离，分离永远都是最无可奈何的选择。

既然如此，当爱情离开了，我们为什么要沉浸在痛苦之中呢？也许你幻想着铭记伤痛就能让曾经的感情留下一点余温，但没有热源的余温终究是要冷却的，感情是两个人的发光发热，你一个人再怎样苦苦挣扎都无济于事。

你可以因为失恋而悲痛欲绝，但你也要相信时间是最好的解药，它能治愈一切伤痛，时间能把所有剧烈的伤痛变成平淡无奇的曾经，而你千万不要再去抓着不放，那样的话伤痛将永远是伤痛，永远无法变成曾经。就像一道伤口，时间会让它愈合，结痂，最后可能会不留一点伤疤，但如果你在这个过程中反反复复地触碰甚至揭开那个伤口，它将永远无法愈合。

或许在你不知道的时候，在你沉沦在曾经的伤痛的时候，你生命中真正的缘分也在悄悄地溜走，它不是没有等过你，只是在曾经的伤痛中无法自拔的你让它等不下去了。

《多情剑客无情剑》的结局里，李寻欢为了林诗音痛苦了几十年，最终还是走出了伤痛，握着孙小红的手再也不愿松开了。每个人的生命中也都有林诗音和孙小红，别因为早已失去的林诗音而错过了眼前的孙小红。

9. 让你生气的事，想想看一年后还要紧吗?

法国作家莫鲁瓦说："我们常常为一些不令人注意、因而也是应当迅速忘掉的微不足道的小事而失去理智。我们生活在这个世界上只有几十个年头，然而我们却为纠缠无聊琐事而白白浪费了许多宝贵的时光。试问时过境迁，有谁还会对这些琐事感兴趣呢? 不，我们不能这样生活。我们应当把我们的生命贡献给有价值的事业和崇高的感情。只有这种事业和感情才会为后人一代代继承下去。要知道，为小事而生气的人生命是短促的。”

一个人的生命如此短促，我们却总在为小事而发脾气。让我们发脾气的很可能只是路人无意间的磕碰，同事的一句无心之失，孩子们的一个很小的错误……也许身处其境的你已经愤怒到了不能忍耐的地步，但再过段时间，回头想想，这件事还会让你生气吗？所有能被时间平息的怒火都是不值得去生气的。生气总是过多地占据着本该快乐的时光。

一头骆驼正行走在无边的沙漠中，忽然，它的蹄子被沙子中的一块碎玻璃刺了一下。骆驼愤怒地把它踢得老远，不幸的是，在它踢碎玻璃的时候，它的蹄子也被碎玻璃划出了一道深深的伤口，鲜血顿时涌出。

很快，滴在沙子上的血所散发出的血腥味招来了秃鹫，不久又招来一头狼。头上有秃鹫，身后有饿狼，骆驼拼命逃窜，却在无意间走进了食人蚁的窝，顷刻间，骆驼就变成了一副骨架。骆驼死亡的时候说：“我为什么要和一块玻璃过不去呢？”

骆驼在把碎玻璃踢出去的那一瞬间是不知道它会因此而丧命的。正如我们在因小事而动怒的时候，哪会有心思去考虑它的后果，很多时候，即便是我们已经意识到了要承担一定的后果，却依然心怀侥幸不愿去重视。

但骆驼会因碎玻璃而丧命，很多小事的背后隐藏着巨大的危机，所谓“祸不单行”，坏事往往是“成串”发生的。

美国医学专家米勒经研究发现：愤怒和紧张更容易引起血管内壁收缩和破裂，而且最终还会导致心肌梗死或局部残血。在出席美国心脏学会年会的时候，米勒曾发出这样的呼吁：给患者多开一份“微笑”这一处方灵药。因小事而动怒无疑是最

“亏本”的事情。既然是小事，为什么还要为了它而动怒呢？

著名作家荷马·克罗伊曾寄居在美国纽约某公寓。到了冬天，公寓内常有热水在暖气管道中流过的声音，这样的噪音常干扰到他的心思，有的时候他甚至会因为噪音而终止写作。

后来有一次，克罗伊受邀和几位朋友一起去露营。晚上，朋友们围坐在火堆前喝着啤酒说说笑笑。正当克罗伊也沉浸在这样的欢乐中时，他突然听到了一种和家中暖气管发出的声音极为相似的声音。那是尚未干透的木头在燃烧时，木头中残余水分受热后发出的“嘶嘶”声。克罗伊一下子意识到，极其相似的声音，为什么一个让我开心，而另一个却让我烦躁呢？

在之后的生活中，每当公寓的暖气管发出噪音时他便对自己说：“这是木头燃烧时发出的声音。”在说这句话的时候他脑子里浮现的是他们当初一起露营时的画面。渐渐地，他不再因暖气管发出的噪音而生气了。

当我们因小事而想要动怒时，消灭怒气最好的办法不是克制，而是转变一下思路。同样的声音，从火堆中发出来会让人感到轻松愉悦，从暖气管中发出来却只会影响人的思维，那为什么不把暖气管的声音当做是火堆中木柴发出的声音呢？

事情本身并不带有色彩，我们用怎样的心情去对待它，它便会还我们一个怎样的情绪。如果我们把路人的磕碰当做提醒我们注意行人，把同事的无心之失当作一句建议，把孩子的一个小错误当做亲昵可爱的举动，就不会再因这些事而生气了。

如张爱玲所说：“生命是一袭华美的袍，上面爬满了虱子。”但有时候，及时调整心态，换个角度去想问题，也许能驱除生命中这些可恶的“虱子”。及时清除不良情绪非常重要，否则我们就会被噬咬得面目全非。生气和愉悦永远都不可能同时存在，生命的长度是有限的，生气的时候多了，愉悦的时光就不得不减少了。

生命是用来感受快乐的，当我们不断地因小事而动怒的时候，快乐的时间就被占去了，生命也因此而缩短了。不因小事而生气就是对生命的珍惜。

第八章

计较越少，脾气越好

1. 不与人计较，自然少争执

一个快乐的人并不是因为他得到的多，而是因为他计较的少。

诗洁毕业后经过几番异常激烈的竞争，终于被一家跨国公司录用，今天是她第一天上班，因为过于兴奋，她起得早了。到公司楼下后距离上班还有一个多小时，她打算去吃点早餐。

在餐馆，她捧着自己的早点找座位时，旁边经过的一个小孩子不小心碰了她一下，满满一杯牛奶一下子全撒了出来，一瞬间，她的衬衫和裤子上全是牛奶。孩子不知如何是好，急得都哭了，孩子的母亲闻声赶来后，顾不上哄自家孩子，赶紧给诗洁道歉，一边道歉，一边拿纸巾帮诗洁擦去衣服上的牛奶。

牛奶被擦去了，但衣服隐隐约约还有牛奶留下的斑点。诗洁不开心地说："这让我怎么见新同事！"她很不开心，也就没给这对母子好脸色。

上班后，她忐忑不安地走到经理办公室，心烦意乱的她无意间打碎了老板的水杯，填错了自己的身份证号码，弄坏了公司的打印机……诗洁上班的第一天就这样冒冒失失地度过了。下班经过吃早餐的餐馆时，她愤愤不平地说了一句："都怪那该死的牛奶。"

牛奶洒在诗洁身上，本是孩子的无心之失，她的母亲也为孩子的过失而反复道歉，还在第一时间帮助诗洁清理衣服上的牛奶，最后留下痕迹是谁也不愿意看到的，也是无法挽回的。可越是斤斤计较心情越是糟糕，带着糟糕的心情去迎接新的同事，又怎么会顺利呢？

导致诗洁糟糕的一天的不是牛奶，是她斤斤计较之后糟糕的心情。在生活中，我们经常能遇到这样的人，他们在大事上往往能表现出仁厚的一面，但一到小的事情上却总是斤斤计较。这样的人在职场上左右逢源，但私下的人际关系却是一团糟，时不时与人发生争执，久而久之，别人也就对他们敬而远之了。

工作并不是生活的全部，人的快乐也并非全都来自工作上的成功。拥有和谐的人际关系，才会使人真正快乐，快乐很多时候来自宽厚。

许玲和婆婆大吵一通后就跑到表妹家去诉苦，不巧的是表妹正在忙，没工夫陪她，她只好和表妹的婆婆拉起家常。

聊着聊着许玲就说起了自己的婆婆："不瞒您说，我婆婆做菜口味太重，还喜欢唠叨，真让人受不了……"她正抱怨得起劲的时候，表妹的婆婆打断了她的话："其实啊，我觉得你要向你这个'糊涂'的表妹学学，她从不嫌我这个不中用的老太婆笨，有的时候我炒菜盐放少了，她还说好吃！"

不一会，表妹忙完手里的活，打算把一家人的衣服洗了，却怎么也找不到。只听她大声叫道："妈，看见我衣服了吗？"表妹的婆婆却一拍脑门，说："瞧我这不中用的老太婆，明明刚才把衣服洗了也忘了跟你说。"表妹听完后会心地笑了。

许玲看到这一幕后终于明白为什么表妹和她的婆婆能处得

那么融洽了，无非就是一个不计较对方菜里盐放少了，一个不计较多做点家务。回到家后，许玲学着表妹的样子不再和婆婆斤斤计较，渐渐地婆婆也感受到了她的变化，婆媳间的关系大为改善。

其实，融洽的人际关系就是这样，少一点计较就少一点争执，少一点争执就多一点快乐。但现实往往是我们计较过多，我们会因为公司里轮到谁换桶装水而争执，会因为该谁倒垃圾而争执，也会因为家里的饭菜不可口，衣服没及时洗掉而争执。

这些无足轻重的小事，如果不学会解决，往往能搞得同事间彼此不和，婆媳间、夫妻间大动肝火。在小的事情上适当地吃点亏，让点步，就能换来一个轻松快乐的好心情和和谐的人际关系，何乐而不为呢？

2. 不要为了挽回面子而大动肝火

《了不起的盖茨比》中有这样一段话：世界不会在意你的自尊，人们看的只是你的成就。在你有成就以前，切勿过分强调自尊。但很多年轻人最大的毛病就是在没有丝毫成就的前提下过分看重自己的面子，敏感的我们总是容不得面子受到丁点的损伤，稍有侵犯便会大动肝火。

年轻人都要面子，就连被尊为“古今第一完人”的曾国藩也不例外。那时候的曾国藩刚刚进入翰林院，他带着老父曾麟书来到北京。老父体弱多病，曾国藩便找来好友郑小珊为父亲看病。

因为两人关系极其亲密，郑小珊说话就没了顾忌，一不留心就把曾国藩给得罪了，年轻的曾国藩存心养性的功夫还没有形成，年轻气盛且极重面子的他感觉自己受到了奇耻大辱，当下就对郑小珊破口大骂。郑小珊被骂后心情不好也还以恶狠狠的痛骂，两人一来一往，骂得不可开交，最后郑小珊带着怒气拂袖而归。

曾国藩是个注重内省的人，事后他对自己当时的做法万分后悔。好友无心之失伤到了自己面子就引来自己的痛骂，这样如何能成事。他决定找机会向郑小珊道歉。

就在他思考着如何放下面子去给好友道歉的时候，郑小珊却已经登门造访了。郑小珊不计前嫌，带着诚意满满的礼物为曾国藩的老父曾麟书贺寿，朋友的豁达让曾国藩羞愧万分，当天晚上他便去郑小珊的府上登门道歉，事后又请郑小珊到酒楼饮酒赔罪。两人冰释前嫌，和好如初。

年轻人比谁都看重面子，当面子受到侵犯的时候，年轻的我们总是愤怒到歇斯底里，把友情、爱情、亲情通通放到一边，有的时候甚至不惜触犯法律去挽回我们的面子。正如曾国藩曾给出的劝诫："不要为了面子大动肝火"，在惨痛的代价面前，一时的争强好胜没有意义。"

在这个效率至上，用能力说话的商业社会更是如此。由上而下，层层压力施加之下没人会顾及你的面子，为了业绩，领导会毫不留情地当众痛骂没有完成任务的你。为了生存，你不能因为面子受损就拍桌子与人大开骂战。

华为总裁任正非先生曾说过："只有不要脸的人，才会成为成功的人。”太平洋集团的前总裁严介和也曾表达过类似的观点，他说：“什么是脸面？我们干大事的从来不要脸，脸皮可以撕下来扔到地上，踹几脚，扬长而去，不屑一顾。”

那些被我们列入了“神话”的大咖们，创业的初期阶段，也不是个个都有头有脸的，谁还没经过一段卑微的生活。当年，马云满怀期望地去找当时还是金山总裁的雷军谈融资的时候，被讽刺是传销。但马云并没有被这样的侮辱打败，在融资连续被拒绝 32 次以后，终于找了孙正义融资到了 2000 万美元，从此造就了一个商业神话。

俞敏洪曾先后参加过三次高考，在没有被大学录取的那段时间，他受尽了村里人的嘲笑，村民们说他是“傻子”。如果当时他因此而放弃高考，哪会有今天的新东方。就连国内食品行业的老大，娃哈哈的创始人宗庆后在创办娃哈哈之前也是做尽了没面子的事情，他做过推销员，卖过冰棍，卖过学生文具。那时候骑着三轮车穿梭在大街小巷的宗庆后，哪还有什么面子可言。

“爱面子”在我们的生活中随处可见，为了“面子”，小则翻脸，大则会闹出人命的事情时有发生。爱面子似乎成了人的一种天性，从古代的怕“有辱斯文”到现代的“人活一张脸，树活一张皮”，越来越多的人把面子看得很重，诚然，我们要获得别人的尊重，要注意形象，但是，为了一时的面子而大动肝火甚至灰心丧气，难道不是另一种形式的面子损伤吗？真正的面子是自己挣回来的，想要得到别人的尊重，首先要做到的是自我提升和自我认同，而不是争执发怒，搞得两败俱伤。

3. 不盲目攀比：人比人得死，货比货得扔

一对新人正在筹划他们的婚礼，他们暗下决心要把婚礼办得声势浩大，压过男女双方所有同事朋友。但二人都是普普通通的上班族，手里没多少积蓄，双方也都是普通家庭的子女，无论男方还是女方，父母对这场婚礼也是无能为力。然而在他们的信念中，婚礼的规格不能降低，他们俩商量后决定借钱。

他们四处借钱，先把新房精装了一遍，又里里外外买了一整套的高档家具，一所不大的房子看起来富丽堂皇。但这仅仅是开始，他们声势浩大的婚礼才是重中之重。这时候小夫妻已经把借来的钱花得一干二净了，无可奈何之下新郎决定铤而走险。在婚礼前一个月的某天晚上，他偷偷潜入附近的一个工厂，偷出了一些器材，私下里把器材换成了厚厚的一叠人民币。

婚礼如期举行了，场面非常气派，新娘穿着定制的婚纱高贵典雅，新郎西装革履年轻帅气。二人身后还有一长列豪车排成的车队。不仅到现场来道贺的来宾惊讶不已，就连路上的行人也总是忍不住驻足观看，羡慕之情溢于言表。

可到了晚上，喜宴还在继续，新郎新娘还没入洞房，呼啸而来的警车就把新郎给带走了。

事发之后，当初的债主们纷纷登门追债，新娘只好卖掉了所有的家具和房子来还债。在出租屋里，新娘决定离婚，一个刚刚组建的家庭就这样散了。

在今天这个物欲横流的大社会背景之下，奢侈成风。朋友

圈里，日常生活中，“晒”自己奢华生活的随处可见，有钱的处处想要压过别人一头，没有钱打肿脸也要充胖子，因为贫穷会让人看不起。于是，大家互相攀比，谁也不让谁。婚礼一场比一场豪华，男人开的车一辆比一辆名贵，女人用的化妆品一套比一套高档，但这些全都只是浮现在表面上的繁华，繁华的背后是一个个日渐窘迫的生活和疲惫不堪的身躯。

奢华并不等于快乐，有的时候奢华甚至会妨碍到快乐，一对工薪阶层的夫妻，为了给妻子买一套高档一点的化妆品，可能会花去丈夫一个月的工资。在这一个月内，不仅夫妻双方的生活品质会大大下降，就连需要赡养的老人和正在成长的孩子也会因此而受到影响。

攀比是一个无底洞，耗尽财力压过了别人一头之后，马上会有更加富裕的人出现。攀比的背后是对物质财富永无止境的追求。人总是贪婪的，再多的财富，再高的地位也不能满足人的贪欲。

而贪欲的满足也并不能给人带来幸福，多少富甲一方，位高权重的人却不如普普通通老百姓过得幸福。幸福与财富的多少、地位的高低有着密切的关系，但它们不能决定幸福，幸福更多的是来自于内心的知足。

小杨在一家大型企业工作，身边尽是年纪轻轻就拿着“年薪”的小伙子，相比之下自惭形秽，他常常讽刺自己是“老乞丐”，也常常因此而苦恼。直到他参加了大学同学的聚会，在昔日的同学们眼中，不到 30 岁就已经闯出一片天地的小杨无疑是班里最成功的，大部分的同学仍旧在温饱线上挣扎。

小杨重新找回了自信，这并不是在贬低自己的同学，而是他意识到了怎样的心态才是正确的。他不再和那些年少有为的同事盲目地攀比，而是坦然地接受差距，工作上他不骄不躁地努力，生活中他快快乐乐地享受。

老人常说最幸福的状态就是“比上不足比下有余”，跟优秀的人相比还存在一定的差距，但跟平常的人相比，自己还有一点优势。知道差距就会去奋进，奋进的路上也会因自己尚有一丝优势而多一分心平气和。

虽然说不想当将军的士兵不是一个好士兵，不想当船长的水手不是一个好水手，但遗憾的是，将军与船长只能有一个人。如果那个人不是你，那你也不必烦恼，何不把眼光暂时性地从将军船长身上移开，看看那些不如你的人呢？这不失为一种平衡内心的好方法。

一个懂得知足的人，他虽然不一定是富有的，但他一定是快乐的。知足也不等同于盲目乐观和安于现状，知足的人同样在奋斗，只不过他们奋斗的脚步更加踏实，也更加沉稳。这让他们能少走弯路，少犯错误。

《道德经》中说：“祸莫大于不知足。”别让不知足、不量力的攀比成了你人生中的累赘。

4. 把自己当成自己，你就不会嫉妒

不知你是否也曾留意过，“你看看人家”渐渐地成为了我们一切行为的出发点。一件事情，我们总被“人家”牵引着，而去做成别人的样子。这样，我们的人生就变成了一篇东拼西

凑而来的文章。但每个人出生的时候都是原创的，千万别在不知不觉中渐渐地沦为他人的盗版。

清朝乾隆年间，有两个书法家。一个极其认真地模仿古人，他讲究自己写出来的每一笔每一画都有出处，都要神似历史上的某位书法大师。如这一横要像颜真卿，那一竖要像柳公权。自然，一旦练到了这一步他便颇为得意。

另一位书法家则刚好相反，他苦练的目标是每一笔每一画都前无古人，完全由自己独创，直到练到了这一步，他才觉得心里踏实。

有一天，两位书法家机缘巧合地凑到了一起，前者看不起后者，便讽刺道："请问仁兄，您的字有哪一笔是古人的?"后者听完并不生气，微微一笑，平和地反问道："也请问仁兄一句，您的字，究竟哪一笔是您自己的?"

齐白石老人曾说："学我者生，似我者死。"这是在告诉后起画家，想要在作画上有所成就，可以学习前人，但千万不能神似前人。如那位前者书法家，即使他写出的每一笔每一画都和前人一模一样，也不会有多大成就，因为他做的只是一个复制的过程。复制品永远都是没有生命力的，原作品只有一件，而复制品却可以复制成千上万件。

一件作品在创作之初，融进了作者当时的情感和灵感，无论还是情感还是灵感，只有在特定的时空之下才会形成。换了时间换了地点，都难以找回当时的情感和灵感。就像被誉为天下第一行书的《兰亭序》，它是王羲之在和好友"流觞曲水"时一挥而就的，第二天无论他再怎样努力也很难达到当时的水平。

“书圣”王羲之临摹自己的作品尚且如此，原创的珍贵可想而知。

人也是如此，每个人都是独一无二的。出生时每个人都带着不同于别人的基因，出生后又在各种各样的环境中成长，这让我们成为了世界上独一无二的个体。我们做事情的方式，看待这个世界的眼光都带着我们自己的色彩，这本是一个人最为珍贵的东西，但在不断地与别人比较的过程中，最本真的自己正在淡去。

2016 年，成龙获得了奥斯卡终身成就奖。终身成就奖，顾名思义，它只颁给那些终身为电影事业做贡献的人士。成龙获得这个奖项，靠的不是别的，正是他开创并始终如一地坚持了他“喜剧武打”的电影风格。

1973 年，功夫巨星李小龙英年早逝，香港动作片一时出现了空白，很多人都在寻找“下一个李小龙”。曾与李小龙有过多次合作的大导演罗维发现了成龙，当时的成龙还用着原名“陈港生”，罗维想让他成为下一个李小龙才帮他起名“成龙”。

之后罗维试图让成龙复制李小龙的成名之路，他为此而拍摄了一部低成本的《新精武门》，但这并没有让成龙火起来，直到成龙遇到了吴思远和袁和平，他们为成龙量身打造了《醉拳》和《蛇形刁手》两部功夫喜剧，成龙这才迎来了属于自己的时代。

李小龙的确是伟大的，他的伟大之处就在于不可复制，当初和成龙一样被当做“下一个李小龙”的还有一位，他叫梁小龙，当成龙红遍大江南北的时候，梁小龙仍旧只是一个极为普通的武打演员，这并非梁小龙不够优秀，而是他不够独特，不够像成龙般色彩鲜明。

美国著名作家爱默生说："嫉妒是愚昧的，模仿只会毁了自己；每个人的好与坏，都是自身的一部分；纵使宇宙间充满了好东西，不努力你什么也得不到；你内在的力量是独一无二的，只有你自己知道自己能做什么，除非你不去想，不去做。"

一个人最大的魅力并不在于他给别人带来了一种类似某位杰出的人带给别人的感觉，而在于，在他的身上，别人感受到了从未感受过的气息。这种气息中包含着你所有的经历，正如电影《卡萨布兰卡》里说的那样：你现在的气质里，藏着你走过的路，读过的书和爱过的人。这些都是别人难以复制的，你因此而独一无二，也因此而不可替代。

张国荣曾拿着一首谱好的曲子找到林夕，请林夕为他填词，当时张国荣只想出了一句"I am what I am"，林夕把之后的部分填完后，就是后来的歌曲《我》。歌曲中有这样一句词："我就是我，是颜色不一样的烟火；天空海阔，要做最坚强的泡沫。"是啊，纵然我只是大海上的一颗泡沫，也要流动出不一样的色彩，因为我就是我。

5. 不是自己的，不必强求

你的世界里是否也曾出现过这样一个人，他的出现让你神魂颠倒，你曾为他付出了力所能及的甚至是力所不能及的全部努力。但最终，仍旧没能打动他的心。这并非你做得不够好，只是他并不属于你罢了。

不属于你的始终都不会属于你，与你努力与否没多大关系，你唯一能做的就是放弃。如果说坚持是一种可贵的品质，那么适时的放弃更是如此，适时的放弃有时需要更多的勇气和智慧。

戈尔曾担任美国副总统一职。1992 年，他与克林顿竞选美国总统，在 2000 年，小布什又成了他的竞争对手，但最终的结果众人周知，戈尔两次都落选了。当时曾有记者问戈尔："您会不会参加 2008 年的总统竞选呢？"戈尔坦然地说道："我已经放弃了对政治的热爱。"

大多数人在经历了这样的失败之后肯定会心灰意冷。但失败后的戈尔并不这样，他始终都很平和。放弃了政治之后，戈尔将目光投向了地球环境问题，他把自己的精力全都用在了呼吁环境保护上。

7 年来，他通过上千场的演讲，拍摄环保题材的纪录片，出版相关书籍来让人们认识到温室效应的严重性。起步阶段异常艰难，他要面对众人的冷嘲热讽，但他坚持了下来。他的坚持也让他的付出渐渐有了回报，很多人受到了他的积极影响，自觉行动起来，从身边的小事做起来支持他的环保事业。

戈尔也最终获得了诺贝尔奖委员会的高度肯定。在获得诺贝尔奖后，有记者问他："你是否还会去竞选美国总统？"戈尔微微一笑，说："这世界上有比当总统更伟大的事业，我为什么还一定要走那条路呢？"

毫无疑问，在从政期间，戈尔的目标就是成为美国总统。曾担任美国副总统的他已经是无限地接近了自己的目标，他毫不松懈，先后两次参加总统的竞选，但最终没能如愿。此时的戈尔清楚地意识到他的生命里或许并没有总统这个职位，于是他毅然决然地放弃了这个目标，将目光转移到其他行业。在环保行业他实现了生命的最大价值。

戈尔对竞选总统的放弃远没我们想象的那样简单。当时已经是美国副总统的他在政治生涯中已经获得了极大的成功，放弃竞选首先要有极大的勇气，去抛弃自己过去苦苦奋斗而得来的一切；其次，他已经无限地接近了自己的目标，他的放弃需要有冷静而睿智的头脑去抵抗近在咫尺的目标所带来的诱惑。

所谓“适时放弃”绝不是遇到了困难就退缩，而是在经过一番艰苦卓绝的努力与坚持之后，清楚地认识到这条路真的不适合自己，不惜一切代价地走下去也只是对生命的浪费。此时，心中不再有丝毫的不舍，在投入到新的领域中之后也不会有丁点的顾虑。

就像村上春树说的：竭尽全力埋头苦干，还是干不好，就可以心安理得地撂开手了。然而，如果因为模棱两可、半心半意而以失败告终，悔恨之情只怕久久无法拂去。放弃过去的坚持是为了在新的领域能投入百分之百的专注。

一位企业家在谈到自己的成功秘诀时曾说过这样一句话：第一是坚持，第二是坚持，第三还是坚持，第四是放弃。人们大惑不解，为什么最后要放弃呢？再坚持一下说不定就成功了。

企业家解释说：“需要放弃的时候就应该果断地放弃。因为你确实把自己百分之百的努力都用上了，还不成功，那就不是你还不够努力的原因，很大可能性就是你的方向以及你的才能是否与自己目标相匹配的问题了。这时候最明智的选择就是赶快放弃，及时调整，及时调头，寻找新的努力方向，千万不要在一棵树上吊死。”

人生苦短，选择一条正确的路一往无前地走下去是每个人都期待的，但大多数人并没有那样的运气。当我们发现自己走在错误的道路时，不要犹豫，坦然地去放弃吧。我们已经经历过了“锲而不舍”的阶段，冷冰冰的事实在提醒我们：是时候放弃了，这时候放弃才是最好的选择。

放弃并不是失败，它只是成功路上的一个转折。在放弃的过去中包含着对自己更加清晰的认识，在新的旅途中，你将褪去迷茫，添上一份睿智与笃定。命里有时终须有，命里无时莫强求。不属于自己，要勇敢地去放弃。

6. 接受自己不完美的事实

如果你变成一个女生（或男生），你会喜欢现在的自己吗？相信很多人都不能迅速地给出肯定的答复，一部分人甚至会马上给出否定的答案。无论是迟疑的肯定，还是果断的否定，在这些决定的背后都是对自身的不满。

因为太过了解自己，也因为对自己过于挑剔，我们总是无限地放大自己的缺点而又忽视自己的优点，自卑由此而产生。

伊笛丝·阿雷德从小就特别敏感而腼腆，她的身体一直太胖，脸又圆，这让她看起来比实际还胖。伊笛丝的母亲很古板，她总是对伊笛丝说：“宽衣好穿，窄衣易破。”而母亲总是照着这句话来帮伊笛丝买衣服。所以，伊笛丝一直很自卑，从来不和其他的孩子一起参加室外活动，甚至不上体育课。她非常害羞，觉得自己和其他的人“不一样”，完全不讨人喜欢。

长大之后，伊笛丝嫁给了一个比她大好几岁的男人，她丈夫一家人都很好，也充满了自信，可这并没有改变她害羞的性格。尽管伊笛丝做了最大的努力，可是她还是做不到。伊笛丝变得更加紧张不安，躲开了所有的朋友，甚至一度害怕听到门铃响。

伊笛丝心里深深知道自己是一个失败者，又怕她的丈夫会发现这一点，所以每次他们出现在公共场合的时候，她只能假装很开心。事后，伊笛丝又会为这个难过好几天。最后她甚至觉得再活下去已经没有什么意义了，开始想到自杀。

有一天，她的婆婆正在告诉她怎么教育她的几个孩子，她说："不管事情怎么样，我总会要求他们保持本色。"就是这句话，在一刹那之间，伊笛丝找到自己苦恼不开心的原因——那就是她一直不肯接纳自己，不喜欢自己原来的样子。

从此，伊笛丝开始本色的生活，她试着研究她自己的个性，自己的优点，尽她所能去学色彩和服饰知识，尽量以适合自己的方式去穿衣服。还主动去交朋友，她参加了一个社团组织，组织的人要她参加活动，刚开始她还是很害怕胆怯。但是，慢慢地，她的勇气不断增加，自信也不断增加，她获得了她期望已久的快乐，她越来越喜欢自己了。

人永远都不可能完美，或多或少，一个人的身上总有这样或那样的不完美。但不完美并不都是坏事，每个人都是完美和不完美的组合品。因为彼此各有各的缺陷，人与人身上不完美所占的比例也不尽相同，所以这个世界上从没有两个完全一样的人。也正因为这样，世界才变得多姿多彩。

不完美和完美一样，都是我们异于别人最重要的组成部分。

正是这些让我们成为了一个独一无二的自己。既然我是独特的，那么必然会有一个地方是非我不可的，接受自己的不完美才能真正地认识自己。

一个圆环因为自己有一个缺口而耿耿于怀，它一直认为自己不如别人，因此它拼命地寻找自己丢掉的那一截。也正是因为它缺了一截，滚起来很慢，它才有机会在慢慢悠悠的旅途中一边欣赏沿途的风景，一边和路边的虫儿、鸟儿聊天，旅途也因此而变成了一种享受。

正当它沉浸在这样的幸福中的时候，一截和自己完全合适的环出现在了它的世界里，它想都没想就把那一截环装到了自己的身上，两者无缝衔接，环终于达到了它梦寐以求的完美境地。这时它发现自己滚得飞快，根本没时间去欣赏风景，和动物们聊天，它决定拆掉那一截，之后，它又回到原先那种幸福的生活中。

一个人，有优点就会有缺点，相比优点，缺点有时候可能是一种优势。例如性格内向，不善交际被我们视为缺点，但这样的人往往能耐得住寂寞，能沉下心来钻研某件事，这样的性格让他们总能获得别人难以达成的成就。

让缺点变成优点，让不完美散发出魅力，需要我们先去接受自己的不完美。在接受自己的不完美之前需要先了解一下别人，通过对比我们才能更加清楚地认识到自己究竟哪里和别人不一样。接着我们需要转变一下观念，把原认为不如别人的地方当成自己的特点，从此不再回避隐藏，大大方方地展示出来，这样才能不再患得患失。

然后要试着享受独特带给我们的不一样的生活。就好比性格内向的人所喜欢的生活和性格外向的人所喜欢的截然不同，他们会更倾向于独处，这同样是一种享受。独处的时候可以尽情地做一切自己想做的事情。总之，独特带给我们的是与众不同的生活。

最后，我们可以试着去感恩独特带给我们的一切。接受了自己的不完美，并沉浸在与众不同的幸福中时，别忘了这一切都是当初那个被我们深深厌恶，恨不得永远隐藏的不完美所带来的，感恩不完美也是感恩生命，懂得感恩的人首先是一个勇敢而又乐观的人，在命运面前没有躲避，也没有失落。

接受自己的不完美，是它让你变得无可替代。

7. 莫让嫉妒蒙蔽了你的双眼

在那么一霎，你是否也曾羡慕过别人的生活，羡慕他们幸福美满的婚姻，羡慕他们拥有的财富，羡慕他们的豪车豪宅。当羡慕的火苗越烧越旺，最终不可收拾的时候，羡慕就变成了一种嫉妒，嫉妒之心蒙蔽了你的双眼，让你忽视了属于自己的幸福，把你带入一条不归之路。

英国威尔士的一个刑事法庭审理了这样一桩案子：21 岁的女大学生卡梅伦由于身材和容貌姣好，引起了 33 岁的女邻居奥利弗的嫉妒。奥利弗妒火中烧，一怒之下开车将卡梅伦撞倒，导致左臂严重受伤。

据英国相关媒体报道，卡梅伦天生丽质，漂亮大方，可是，也正是她的姣好的容貌和优雅的气质，引起了奥利弗的不满。

她们两个人生活在同一个地区，因为偶然的机会彼此相识了。但奥利弗一直都不喜欢卡梅伦，还经常在背后恶意诋毁她，有的时候甚至会当面说卡梅伦的坏话。那天，卡梅伦正要从一家夜总会离开，当她来到门口时，她看到邻居奥利弗站在一辆宝马车旁边，紧接着，她看到奥利弗上车后疯狂地鸣喇叭，并驾车朝她撞来。

当奥利弗和卡梅伦相识的时候奥利弗的心中就燃起了对卡梅伦的妒火，但这时的奥利弗根本不会相信这点妒火日后会让她遭受牢狱之灾。

其实，嫉妒是人与人相处最烈的毒药，我们常说的“吃醋”其实就是嫉妒的一种表现形式。嫉妒会如毒药一般在人的身体内累积，也许嫉妒之心产生的那一刻你不以为然，日积月累后，当它造成伤害时就已经回天乏术了。

生活中，我们所嫉妒的范围经常在自己的小圈子内。在这个小小的圈子中彼此都认为自己要胜过对方，但对方却总能获得我们梦寐以求的东西，而自己却苦苦追求而不可得，这让我们愤愤不平。我们既无法接受自己不能拥有的现实，也不能容忍对方得到。这是一种非常可怕的心理，它会让人误入歧途，甚至因嫉妒而毁掉一生。

你不知道的是，当你在嫉妒别人的时候，别人或许也在偷偷地羡慕着你。也许你羡慕别人的事业有成，但你不会知道，事业有成的人也在羡慕你安逸自得的生活；也许你羡慕别人的女友温柔贤惠，但你不会知道，别人也在羡慕你单身的自由与随性。人就是这样，总在羡慕那些不曾拥有的，却不知道珍惜自己手里得到的。

回过头来看一下，你拥有的生活，也有无数的人在羡慕着。快乐从来都不是来自对未来的追逐，而是来自对现在的发掘。

曾经有一位农民，他常年住在漆黑的窑洞中，顿顿吃玉米、土豆，家里最值钱的东西就是那个用来盛面粉的罐子，但罐子里从来都没有放过面粉。

在村里人的眼中，他是最贫穷的，也是最可怜的，可他每天活得比谁都要开心。早上唱着《信天游》去山里干活，累了就躺在树下抽几口自己种的烟，渴了就喝两口山里的泉水，太阳快要下山的时候他又唱着《信天游》走回家。

村民们问他整天乐呵什么，他说："喝着甘甜的泉水，吃着健康的粮食，窑洞里冬暖夏凉，夏天不用电扇，冬天热炕头比暖气还舒服，这样美满的日子难道不该高兴吗？"

也许这位农民是村子里唯一还住着窑洞的人，其他的村民早就盖起了小洋楼，但那又如何，无论他有多羡慕、多嫉妒，他的窑洞都不会变成小洋楼。过多的嫉妒只会让他承受更多的折磨。

生活是自己的，每个人的生活中都有属于自己的那一份欢乐，也许你的欢乐在别人看来不过如此，但那又如何，自己的幸福是属于自己的。自己实实在在的生活才是幸福所在。

不要被嫉妒蒙蔽了双眼，静下心回过头，去发现去把握自己身边实实在在的幸福。这样的幸福才是真正属于你自己的，也是最适合你的幸福。你拥有的并不比别人少，你的生活并不比别人差，你之所以嫉妒只是因为一颗见不得别人好的心。

英国哲学家斯宾诺莎说："嫉妒是一种恨，这种恨使人对他人的幸福感到痛苦，对他人的灾难感到快乐。"巴尔扎克也说过："嫉妒者受到的痛苦比任何人遭受的痛苦更大，他自己的不幸和别人的幸福都使他痛苦万分。嫉妒心强的人，往往以恨人开始，以害己而告终。"

收起你那双嫉妒的眼睛，别让它把你带上一条不归路。

8. 模拟报复：让坏情绪释放出来

金庸的《天龙八部》中有这样一段情节：慕容博为了挑起宋辽两国的战争，趁乱起兵恢复慕容家昔日的政权，向少林寺方丈传了假消息，致使少林方丈玄慈率领中原武林高手伏击携妻带子、毫无防备的萧远山，萧远山因此而家破人亡。

萧远山在查明了真相后，不惜在武林中掀起一场腥风血雨也要为妻子报仇。当天下英雄齐聚少林，他当众揭露了昔日慕容博的阴谋，双方由此动起手来，不知不觉中打进了少林寺的藏经阁。

双方激斗时突然出现了一位扫地老僧，老僧制止了双方的打斗后，问萧远山："你如不见慕容老施主死于非命，难消心头大恨?"萧远山称是，老僧便顿时"取了慕容博的性命"。看到折磨了自己一辈子的仇人就这样"丢掉了性命"，萧远山多年来积压的仇恨瞬间就消失了。

这样一来，慕容博的儿子慕容复又对萧氏父子产生了仇恨，老僧又用同样的办法"取了萧远山的性命"。其实，老僧只是让二人进入了一种"假死"的状态，让双方都体验了一回报仇雪恨的感觉，这让萧远山和慕容博完完全全地放下了仇恨，皈依了佛门。

少林寺扫地老僧的做法就是所谓的模拟报复，无论是萧氏父子还是慕容父子，都真真切切地品尝了报仇的滋味。此时，我们不禁想问：“人为什么会有报复的心理呢？”

报复是一种极端心理，当我们的一些切身利益受到了侵害，而当下的我们对于这样的侵害又无力反击，这把本就陷入悲伤情绪的我们逼上了绝路，我们忍无可忍，发誓要让侵犯我们的人遭受同样的痛苦，这就是报复。

报复一方面来自利益被侵犯的悲痛，另一方面来自因自己的弱小而产生的无奈。报复心理是一种极端心理，人只有在忍无可忍的情况下才会萌发报复的念头，这时如果选择强忍下去将更加痛苦。你以为只有报复才能平复你的心情，可不妨试想一下，如果你拥有无限大的力量，能对任何人进行报复，你会对曾经的仇人进行报复吗？

一部小说中有这样的一个情节：主人公经历了二战时期在波兰集中营中的非人折磨，九死一生，最终幸运地存活了下来。

二战结束后，她作为受害者在全世界巡回演讲，揭露纳粹的丑恶与野蛮。有一天，当她结束演讲正要离开时，看到一个似曾相识的人朝她走了过来。霎时间，她回忆起来，这个人就是她在集中营时的看守，这人在监狱中害死了她的全家。而当这人走过来满眼忏悔和羞愧地伸出手来要与她握手时，主人公把手放在身旁，怒目而视。

仇恨和报复的念头煎熬着主人公的内心，她之前曾经无数次在脑海中想象过，如果遇到这个人她会怎样。而此刻她却不知道接下来应该做什么了，只好尽量让自己保持平静。良久之后，面对这个带着羞愧恳求忏悔的人，主人公选择了饶恕，因为刚刚她正好在讲一个关于宽容的话题。她试着微笑，麻木地举起右手，当他们的手最后握在一起时，一件难以置信的事发生了。通过她的肩膀，沿着胳膊，源自她的手心，有一股电流传遍了她的全身。而就在她上前拥抱那个人时，她那一直带着伤疤的心也在同时自动愈合了。

其实大部分人就是这样，当报复的念头产生时，不由自主地就会在脑子里幻想出无数个报复的场景，这同样是一种模拟报复。它同样能达到让人平复下来的效果。有过了这样的经历，当报复的机会真真切切地出现在面前时，我们发现自己报复的欲望早已消退了，原本互相仇恨的双方互相拉拉手，一切恩怨都能烟消云散。

当然也有一些人报复的欲望极其强烈，脑子里虚幻的报复场景无法满足他们的欲望，于是，他们便把脑子里出现过的报复场景变成了现实，惨剧因此而发生。其实，我们既然可以在脑子里模拟，为什么不能在现实中再次模拟呢？你想把某人痛扁一顿，不如在一个没人的房间，在沙袋上贴上对方的照片，然后用拳头狠狠地击打它；你想痛骂某人，就把骂人的话写成一封信，寄出去，注意不要在信封写上收信人的信息。

报复只是虚幻的念头，既然如此，我们就用虚幻的模拟让它为所欲为，最后别忘了收起的一定是一颗平和的心，切不可把报复当真。

第九章

不急不躁，你要的岁月都会给你

1. 心浮气躁，让你一辈子一事无成

常听人说：“现在的人越来越浮躁。”在这个效率至上的商业时代，狭隘的我们只看到了“快”，这似乎在印证张爱玲的那一句“出名要趁早”，每一个人，各行各业都在急于求成，甚至人生中的婚姻大事也出现了“闪婚”。浮躁的心支配着急于求成的行动，最终却是拔苗助长，换来了坏的结果。

上世纪 90 年代，在巨人网络的董事会会议上，一个名为“二次创业”的总体目标被提出：跳出电脑产业，走产业多元化的扩张之路，以发展寻求解决矛盾的出路。

史玉柱亲自挂帅，成立了“三大战役”总指挥部，下设八大方面军和三十多家独立分公司，各级总经理都改为“方面军司令员”或“军长”“师长”。

对巨人集团来说，生物工程是一个完全陌生的领域。在对这个市场的开拓中，由于不了解该领域的消费者特性，尤其不熟悉这一新领域的资金运作和营销策略，巨人集团越陷越深。虽然 1994—1996 年，巨人集团在保健品营销方面异军突起，但整个生物工程的研发出现全面亏损。

当时，巨人集团在现有主业的基础上，未能有效运用内部管理型战略与外部交易型战略延伸企业生命周期曲线，巩固和发展核心能力，而贸然跨入一个自己完全生疏的行业，从而使

企业的竞争优势无法得以持续存在。

尽管这种外延式扩张的道路暂时掩盖了各种矛盾，但因缺乏培植企业新的核心竞争能力而为企业埋下了致命的隐患。最终导致巨人集团破产倒闭。

当时的巨人网络在网络游戏领域无疑是一位“巨人”，但当它贸然进军生物工程领域时它就变成了一个一无所知的“小矮人”。急于求成的巨人网络并没有意识到在一个全新的领域，它需要从“小矮人”一步步走向“巨人”，最终因企业扩张太快而导致整个集团破产。

李笑来在《把时间当作朋友》里写：我们总是对短期收益期望过高，却对长期收益期望过低。浮躁的我们，二十多岁就急着买车买房，急着结婚生子，急着事业有成……生活里很多事情是急不来的，就像西方那句谚语说的：罗马不是一日建成的。

千万不要被社会上那些年少有为之人的光辉事迹所欺骗。要知道他们毕竟只是少数人，在成就的背后是天时地利人和的高度集中，这样的概率本就很低，还能在这样的概率下有所成就更属不易，又怎能再去苛求短时间之内的成功呢？

我们每个人都是很普通的个体，想要在某一行、某件事有一番作为，最稳妥的方式就是心平气和地去努力，脚踏实地地往前走。

Lucy 是上海一家证券公司的职员，她在这个行业内工作了 8 年时间，经历过两次牛市和一次熊市，她的收入也曾经随着指数而上下波动。

Lucy 毕业之后便进入证券公司做助理销售，当时股市比较红火，她所在的公司销售业绩非常好，因此她的收入也不错，达到了7000元以上，与她的同学相比，收入要高出很多。但是好景不长，此后不久股市进入熊市，销售业绩随之下降，同时公司的佣金收入也锐减，她所面临的是薪水不断减少，最低时每个月只领到2000元。

不过Lucy还是咬牙坚持了下来，直到2006年股市重新进入一轮新的牛市。而此时，随着工作经验的积累，以及能力的提升，她已经担任销售经理，建立了自己的团队，每月除了固定的薪水之外，还有高额的销售提成。

大学毕业的时候，一位老师曾送给班里同学这样一句话：毕业后你们别急着去赚钱，而是要让自己变得值钱。Lucy的经历印证了这个道理，在行业不景气的时候她没有选择跳槽而选择了坚持。当整个行业恢复生机的时候，凭借多年摸爬滚打积累下的经验，她成了公司里不可替代的一位。

《论语·子路》中说："欲速则不达。"在某种程度上，速度和品质是无法同时兼顾的，对于心浮气躁的人来说更是如此。他们做事的时候就只要求速度，过快的速度要求他们无限制地缩短花在一件事上的时间，而花在一件事上的时间和在这件事情上得到的收益是对等的。

常听人说"细节决定成败"，在一件事情上投入足够的时间才能兼顾细节。同时，任何一件事情，任何一个行业都存在着一个积淀的过程，只有时间才能让你的投入发酵升值。无论做什么都切忌心浮气躁，沉下心把一件事情做到极致，就是一种成功。

2. 危机面前，不慌不乱才能转危为安

生活中这样的惨剧屡见不鲜：某司机在紧急情况下，错把油门当成了刹车，最终酿成惨祸。突发的危急情况总是让人惊慌失措，但越是情况紧急越不能慌乱，保持冷静的头脑才能想出合理的应对之法。

几个老矿工终日在极深的坑道中工作。一天，矿灯突然熄灭了，他们顿时惊慌失措，开始胡乱地寻找出路。一阵混乱摸索后，几个人走得精疲力竭，只好坐下来休息。

大家谁也不说话，空气中弥漫着令人窒息的恐惧，好像死亡即将来临。一些人根本坐不住，烦躁地走动着。

这时，一个平时处事冷静的老矿工开口说话了："与其这样盲目地找，不如坐在这里，看看是否能感觉到风的流动，风一定是从坑口吹来的。"

大家听了他的话似乎看到了希望，都稳稳地坐了下来。刚开始没有一点的感觉，可是一段时间后，他们的感觉变得很敏锐，逐渐感受到阵阵微弱的风轻抚在脸上。他们顺着风的来处，终于找到出路了。

遇事慌乱会影响我们的大脑思考，在极端急躁、慌张的情绪下我们很容易做出错误的判断，继而引发更大的错误。一些人之所以能在危机之中力挽狂澜，并不是因为他想出了多么高明的办法，只是因为在危机面前，他能一如既往地保持冷静。就像这位老矿工，他为大家找出逃生之路靠的只是平日里积累下的一点知

识，而这点知识每个矿工都具备，只不过他们慌了手脚而已。

人在危急时容易恐惧、紧张、手足无措。而一旦冷静下来，我们的智慧就会“活”过来，帮你寻找到摆脱危机的办法。要知道，危机之中能造成最大伤害的不是危机本身，而是一个个慌了手脚的人。

日本处于环太平洋火山地震带上，是地震高发的国家之一。再加上日本地狭人稠，国民居住非常集中，按常理推断，这样的自然状况再加上这样的人口分布，每爆发一次地震，都会给日本带来极大的人员伤亡，而事实却恰恰相反。

这并非地震的破坏力不大，而是因为在地震中，日本国民能保持其他国家的国民难以做到的冷静。2011 年3 月11 日，日本本州岛仙台港东 130 公里处发生了 9.0 级的地震，从灾区传回的视频画面中，我们看到当地的民众并没有慌乱，也没有警察出来维持秩序，民众都自觉跑到公路中央的绿化带中。

在危机发生的那一刻，人自然而然地会因为眼前的突发情况而产生一些不安和焦虑的情绪。此时最重要的事情是要有提醒自己冷静的意识，要知道，不安和焦虑都是自然产生的，要想恢复冷静，必须采取一些人为的措施。而“提醒自己要冷静”这一意识正是一个人从慌乱变为冷静的开端。

危机之中，当我们已经意识到自己需要冷静以后，就需要借助一些科学而有效的办法，例如进行一次深呼吸，这样能够让人快速地从不安中走出来，恢复冷静。

先用鼻子吸气 10 秒钟，感觉你的肺部和腹部充满了空气，然后慢慢地用鼻子或嘴巴呼气。要注意呼吸的节奏，不要因你糟糕的心情或其他任何事物而分心。为了保持专注，你可以数着自己的呼吸次数，或者不断重复能让你平静的字词。呼吸的时候，在大脑中想象生活中充满爱和宽容的场景，让这股暖流从肺部流往心脏，再流遍全身。呼气的时候，想象所有的压力都随着空气排出体外。如此重复三到四次就可恢复冷静。

除了深呼吸这样的应急措施，平日里我们还可以通过好的生活习惯来逐渐培养自己在危急关头保持冷静的能力。搭配合理的饮食，保证充足的睡眠，保持定期定量的运动，坚持读书和冥想，这些健康的生活习惯让我们时刻保持充沛的体力和健康的心理。当危机发生时，我们拥有足够的体力，精力和智力去应对一切，自然而然地就不会那样慌慌张张了。

当然，平日里多积累一些应急的知识和技能更是必不可少。谁也无法预测灾祸将在什么时候，什么地方发生，它从不给人们任何征兆，更不会给人准备的时间。我们只有常怀忧患意识，多掌握一些急救的技能，多了解一些灾难的知识，有的时候，那一个小小的技能，一点微不足道的知识，都可能会成为灾难中的救命稻草。

危机之中，冷静永远都是最重要的。冷静让你审时度势，冷静让你权衡利弊，冷静让你做出最正确的判断，甚至帮你化险为夷。

3. 你之所以急躁，是因为想要的太多

心学大师王阳明在《传习录》中，这样来形容当时人们的功利之心，他说：“理钱谷者则欲兼夫兵刑，典礼乐者又欲与

于铨轴，处郡县则思藩臬之高，居台谏则望宰执之要。”人的欲望是永恒存在的，今天的我们之所以浮躁，也是欲望在作祟。

毫无疑问，在物质方面，我们拥有的越来越多，生活水平也因此提高了不少。无论是吃的、穿的还是用的，与十几二十年前相比都有了天翻地覆的变化，但遗憾的是，今天的人并没有因为物质上的改善而比十几年前的人更快乐，反倒更为焦躁不安，这是因为我们总渴望拥有更多。

我们发现，无论曾经的地位如何，拥有怎样的财富，很多老人都在过着极其相似的生活：总是穿着同一身洗得掉色的旧衣服，一日三餐简单朴素，除了柴米油盐，打针吃药，几乎没有日常消费，来来往往用得最多的交通工具就是那辆不知修了多少次的破自行车。但他们过得要远比那些西装革履，开着豪车的人开心。因为这些老人从贫苦年代一路走过来，他们懂得生活的不易，更懂得知足常乐。

有一个人发现路边每天都有一个躺着的老乞丐，在那里晒太阳，老乞丐身体没有任何残疾，也看不出智力不健全来，但就是什么都不去做，每天躺在那里。

有一次这人实在忍不住，便问老乞丐为何不去四处走走，说不定能获得更多的施舍，老乞丐回答说自己现在过得很好，何必去四处乞讨呢？那人再说，如果你四处走走就能得到更多的钱，有了钱就可以做很多想做的事情了啊！乞丐说我现在已经在做我想做的事情了啊，我最想做的事儿就是无忧无虑地晒太阳啊！

老乞丐的话固然讽刺，但他的话中揭露出一个至深的道理：渴望得到的东西越少就越容易快乐。在这个物欲横流的时代，我们不知不觉就陷入了这样一个陷阱：用物质追求来刺激麻木的神经，来获取所谓的快乐。

物质的追求是永无止境的，人的物欲就像一个雪球，它会越滚越大，当你已经习惯了用物质来换取所谓的快乐，你必须每一次都用更多的物质来刺激自己。这像让人上瘾的毒品，需求越来越大，越来越不容易满足，你也越来越不快乐。

现在，已经有越来越多的人崇尚精简的生活，美国哲学家梭罗说："大多数豪华的生活以及许多所谓的舒适的生活，不仅不是必不可少的，反而是人类进步的障碍，对于豪华和舒适，有识之士更愿过比穷人还要简单和粗陋的生活。"正如苹果创始人乔布斯千篇一律的黑毛衣，牛仔裤加运动鞋，Facebook 创始人扎克伯格万年不变的 T 恤和卫衣。

爱琳·詹姆丝是美国倡导简单生活的专家。作为一个投资人、作家兼地产投资顾问，在努力奋斗了十几年后，有一天，她坐在自己的写字桌旁，呆呆地望着写满密密麻麻事宜的日程安排表。突然，她认识到自己对这张令人发疯的日程表再也无法忍受下去了。自己的生活已经变得太复杂了，用这么多乱七八糟的东西来塞满自己清醒的每一分钟简直就是一种疯狂愚蠢的行为。

就在这一刻，她做出了决定：她要开始简单的生活。她着手开始列出一个清单，把需要从她的生活中删除的事情都列了出来。然后，她进行了一系列"大胆的"行动。首先，她取消了所有预约电话。其次，她停止了预订杂志，并把堆积在桌子上的所有没有读过的杂志都清理掉。她注销了一些信用卡，以减少每个月收到的账单函件。通过改变日常生活和工作习惯，她的房间和草坪变得更加整洁。

她的整个清单包括80多项内容，简化后的生活也给了她更多的惊喜。沉重压抑的心灵一下子轻松起来，她终于有闲暇时间去做自己喜欢做的事情了，心情逐渐变得明媚，在她的眼里，一切都变得美好起来。

当过度的物欲占据了我们的心灵，复杂繁多的物品包围在我们的周围时，我们就牢牢地被物质禁锢了。为了满足物欲我们终日昏昏沉沉地忙碌着，为了让得到的东西物尽其用，我们又麻木不仁地被物质支配着。我们彻彻底底地沦为了物质的奴隶，让物质支配着自己的一切，此时的我们已经没有什么创造力、亲和力可言了，更加谈不上欢乐了。

其实简单的生活反倒会更加快乐，刘禹锡的《陋室铭》中说："无丝竹之乱耳，无案牍之劳形，南阳诸葛庐，西蜀子云亭，孔子云：'何陋之有?'"简单朴素的生活是一种返璞归真的享受，是一种精神层面的安逸与满足。

4. 跑龙套也不急，你要的岁月都会给你

龙套就是我们常说的临时演员，在一部电视剧，一场电影中，会有无数个龙套角色。在片场中，他们的地位也是最低下的，常常会遭到剧组内其他人无缘无故的呵斥。

年轻的我们像极了片场中那些无足轻重的角色，在公司里没有任何地位，任由前辈们呼来唤去，做着最累的工作，挨着无理由的训骂，却拿着最低的薪资，但我们千万不能灰心，就

像《喜剧之王》中的尹天仇，他虽然只是个跑龙套的，但他说："其实我是个演员。"

是啊，他和那些大红大紫的明星一样，都是演员。你看，那些明星大腕，也不是刚入行就大红大紫，他们也曾做过龙套。

1983 年，一部《射雕英雄传》从香港火遍整个大陆，当时大陆很多村子都只有一台电视机，于是每天晚上都会有好多人挤过去看《射雕英雄传》。当年看该剧的人，应该想不到里面的某某龙套会在日后成为超级大牌。

重新看 83 版的《射雕英雄传》，细心的观众会发现，刘嘉玲饰演华筝的侍女，仅有一句台词"公主，驸马醒了"；吴镇宇饰演一个村民；欧阳震华既演陆乘风的一个家丁又演了一个小乞丐；吴孟达饰演丐帮长老；刘德华出演一个大汗身边的小兵，喜剧之王周星驰也演了一个小兵，还演了一个冻得发抖，一出场就被梅超风拍死的人。

无论你从事哪个行业，最开始都是从"跑龙套"开始的。也许刚刚毕业，踌躇满志的你立志要干一番事业出来，但现实却与你想象中的样子截然相反。在公司里，你做着最低级的工作，这时的你一定会心有不甘，"我堂堂一个重点大学的毕业生竟然做这种傻子都能做的事情"，一怒之下你选择了跳槽。

在新的公司，你重复着类似的经历，躁动的你总说："什么时候才能混出个头啊！"这是每个年轻人都会有的迷茫，但你千万不能因此而放弃了对未来的希望，要相信自己，相信时间，你想要的，最终岁月都会给你。

刚到电视台时孟非只是一名临时工，他的职位是接待员，每天的工作就是接接电话、端茶倒水、打扫卫生。但当时孟非想做的是记者，在工作一年后他决定朝着梦想去努力。

那时，孟非在台里的工作仍然是接接电话、打扫卫生的杂活，但是他在本职工作之外还总是主动地帮老记者们端茶倒水，偶然间遇到老记者外出采访需要扛摄像机的，孟非争着去当苦力，为此台里的一些人偷偷骂他“傻帽”。

孟非觉得这一切都是值得的，做这些事的时候不仅可以了解节目的制作流程，学习一些采访的技巧，时间久了，他在老记者的心里就留下了好印象，平时遇到什么不明白的，老记者会毫无保留地告诉他。

后来，偶尔遇到一些小新闻，老记者便让他去采访，对于这样的机会孟非极其珍惜，所以每一次他都很高兴地去采访那些小新闻。时间一久，他的名字在节目中出现的次数越来越多，引起了台里领导的注意，领导看他努力便给了他个临时记者的职务。

从此他更加努力，节目也越做越大，他也从临时记者变成了正式记者，又从正式记者变成了节目主持人，直到成为红遍大江南北的光头“孟爷爷”。

从一个可有可无的临时工到红遍大江南北的著名主持人，孟非用了将近10年的时间。10年，岁月给了孟非当初他想要的一切，甚至包括当初的他想都没敢想的，岁月像一个善良的老人，他为满怀希望并不懈努力的你准备了一份远超你期望的大惊喜。

但这份厚礼并不会平白无故地给了你，你需要拿自己大好的光阴来换，当然虚度的光阴是换不来这份大礼的。只有那些浸透了汗水的光阴才能换来这份大礼。

所谓“万丈高楼平地起”，没有哪个人刚开始就是“星光璀璨”的，像演员在跑龙套中逐步磨炼自己的演技一样，刚入职场的我们也需要磨炼自己。在岁月流逝中，磨炼自己的心性，提升自己的能力，拓宽自己的人脉，积淀人生的感悟，让自己的青春充实而精彩。

等到积累到一定的程度了，就去拿着这沉甸甸的岁月换取命运的大礼包。

5. 明天总会到来，何必那么急吼吼

当下的人有一个通病——总想提前把将来的事情做了。不确定让人感觉不到安全感，为了应对突发的变故，我们凡事都会提前做一些准备，美其名曰：“有备无患”。

适当把眼光放长远是一种睿智的表现，但如果事事都提前准备，则是一种极度缺乏安全感的表现。大多数事情按部就班地去做就可以，不要总担心将来没有时间，明天的事情谁也难以预料，与其透支现在的时间和精力去做一些徒劳无功的事，不如相信“车到山前必有路”。

一座深山古寺里住着师徒二人。徒弟聪敏勤奋，不论是砍柴还是洗菜，他总会提前多做一份出来，以备不时之需。一天除去杂活，留给他参禅打坐的时间就所剩无几了，但他会牺牲休息的时间来参禅。

终于有一天，满脸倦容的徒弟问师傅，为什么他总是感觉十分疲倦。

禅师沉思片刻，让徒弟拿来自己化缘用的钵盂，并让他往里面装核桃。徒弟不明用意，但还是按照师傅的话去做了，连续装了十几颗核桃之后就满了，再也容不下一颗核桃。接着禅师让徒弟在这个钵盂里装大米，徒弟在核桃的缝隙中塞下了一捧大米，直到钵盂里容不下一粒米。

徒弟疑惑不解，但师傅仍旧没有停止的意思，他让徒弟在钵盂中加水，徒弟这一次足足加了半瓢的水进去。禅师问道："这次满了吗?"徒弟不知道师傅还能在里面加入什么东西，支支吾吾，不知如何回答。

师傅说："再往里面添一勺盐。"徒弟看着一勺盐被融进了水里，师傅微笑着问徒弟："这说明什么?"徒弟不解，师傅说："时间总会有的。"

徒弟若有所悟，禅师却让他把钵盂中的东西都倒进盆里，徒弟依言去做。师傅又说："这回你反着来放。"

徒弟在钵盂中先加入一勺盐，再加入满满一钵盂的水，当他再往里面加大米的时候，钵盂中的水就溢了出来，至于核桃，更加无法加进去了。师傅笑着说："生命就像这只钵盂，时间总会有的，按部就班地来才能把所有的事情都做好。"

我们的毛病就出在往钵盂里面放核桃的时候就妄图把水也添加进去，放大米的时候，就想把盐也加进去，凡事总想提前一步去做。结果核桃浮在了水上，大米一粒也加不进去了。

那些总喜欢把事情提前一步做完的人，永远都在忙碌着，当他们提前把这件事情做完后，又会有另一件事情冒出来，于是他们又忙着去把另一件事情提前做完，结果一直处在忙碌之中。最为可怕的事情是，当他们在忙碌着把未来的事情提前做好时，所有经他们之手的事情，都草草了事，合格率极其低下。

有两位匠人，他们都以制作并兜售紫砂壶为生。第一位匠人总担心自己的壶不够卖，所以他尽量提升自己制作的速度，这时他的壶却很难再卖出去了，他越来越穷困。

而另一位却不然，他是行业里头出了名的“慢工”，他制壶从不着急，有时一把壶要花费好几天的时间，但是他的壶总有人登门去高价预订，渐渐地这位匠人不但变得非常富有，而且名声很大。

高产的匠人就跑去请教这位“慢工”，怎样做既能把壶卖出去，还能卖个好点的价钱。“慢工”说：“你一天制十把卖不出去的壶，倒不如一天只制一把能卖出好价钱的壶。”高产匠人听了“慢工”的话后，回去后精心制作每一把壶。制作工序层层把关，壶的造型也是心思费尽，最后他成了最知名的紫砂壶匠人。

老人常说：“慢工出细活。”这并不是说一件事情上耗费的时间越久越好，而是在告诫人们，一件事情上，只有投入了足够的时间才能把它做好，做事不能火急火燎地总想着提前做完。现在的人都被“效率”冲昏了头脑，以为事情做得越快，越多就越好。但别忘了，凡事都有个合格率和优质率。

当我们在不断地透支现在的时间去追赶未来的时候，牺牲的是事情的合格率和优质率。在这个物质泛滥的时代，数量已经变得越来越廉价，相反，高品质、高规格的精品正成为人们追捧的对象。无论是人是物还是事，一个卓越的要远远胜过多个平庸的。

不要总去追赶那个终会到来的未来，珍惜当下，用现在的时间去把每一件事情做到极致，成就一件非凡之事要远比完成多个任务有价值。

6. 放慢节奏，才能快速奔跑

每天忙里忙外的我们经常会发出这样的感慨：工作之后时间越来越不够用了！巨大的竞争压力逼着我们不得不把自己一天的时间安排得满满当当，不留一点空隙，稍有放松就会被别人甩出一大截。

李宏在一家科技公司上班，他挺有上进心，工作之余在学英语，可是自己没时间去培训班，只好每天上下班途中听英语，用这种简单的方式学习。他常说："我现在的时间论秒过都不够用了，每每想到一天又过去了，我就不舒服，觉得这一天白活了，也没学到多少东西，没做多少事。"有人问他："你平时都在忙什么？"

李宏回答道："科技公司特别忙，每天下班我到家就八点半了，我自己做个饭，再洗洗碗筷，就九点多了。我再学习一个小时英语，就十点多了，我也想看看综艺节目、听听音乐，可是不敢，看个节目就要个把小时，我的时间实在不能浪费。十点之后我常常还要赶时间看看专业书籍，十一点多就得睡觉。第二天六点醒过来，又是忙碌的一天。我也不知道什么时候才能停下来，我年纪也不小了，早该成家立业了，可是现在连个女朋友都没有，再不找就来不及了。"

这样的生活没坚持多久，李宏的身体就吃不消了，他不得不请假调理身体，英语的学习也中断了。

现代生活中，像李宏这样的人越来越多，节奏过快的生活让我们持续性地处于一种精神紧绷的状态，在这样的状态下我们一直都是一副疲倦的模样，拖着精疲力竭的身躯，我们艰难地前行着。但人生不是百米冲刺，它更像一场马拉松，一时的胜负无足轻重，能在终点笑的人才是人生的赢家。

毛主席说："身体是革命的本钱。"当我们迈着大大的步子，吃着快餐，坐着快车去追赶生活的时候，生活却离我们越来越远。在追逐中身体日渐消瘦，我们亏掉的是"革命的本钱"。

当我们在辛辛苦苦，不知疲倦地向前追逐的时候是不是应该冷静下来问问自己："我究竟在追逐什么?"《史记·货殖列传》中说："天下熙熙，皆为利来；天下攘攘，皆为利往。"很多人追逐的无非就是"名利"二字，但名利的实质都是一个更好的生活状态。

曾经有人向一位健康快乐的成功人士提出疑问："你工作一小时就可以赚50美元以上，如果每天多休息1小时，一个月至少会少赚1500美元，一年下来至少会损失1.8万美元，这样做真的值吗?"

成功人士微微一笑，给这位提问者算了一笔账："假如我一天工作8个小时不休息，一天至少可以赚400美元，同时我的寿命也会减少5年，按每年收入12万美元计算，5年我将减少60万美元的收入。现在我60岁了，假设我按时休息还可再活10年，那么我将损失18万美元，18万和60万哪个损失更大呢?"

高中的时候我们都曾被灌输这样的观念：只要学不死，就往死里学。但那也往往只是冲刺的那一年时间。一年之后无论成绩如何，都会有很长一段无忧无虑的休息时间。工作了就不一样了，工作是一个人一辈子的事情，它不会一年给两个长长的假期去休整。我们需要尽量保持一个健康的体魄，来支撑我们长达四十年的工作生涯。

据权威媒体报道，现在我国八成以上的白领都有不同程度的腰椎、颈椎疾病。这些病一旦患上，是不可能完全康复的，通过游泳、瑜伽等体育运动仅仅可以改善病情，而推拿、足疗、按摩等，也只能是暂时缓解症状。这些病症将伴随他们度过余生，在年老体衰之后会成为他们生活中最大的阻碍。

人的一辈子很长，它要求人能够持续性地输出，一时的拼命只会缩减我们的输出能力，要懂得“细水长流”，适时的休息和调整并不会成为前进路途中的阻碍，休息是为了在之后的旅途中我们能跑得更快也更远。

要知道我们苦苦追逐的生活并不在前方，而在脚下。真正懂得生活的人都是一面奔跑一面享受。享受生活让他们时时刻刻都有充足的体力去奔跑，而奔跑也让他们一直都拥有想要的生活，可以去尽情享受。

7. 坦然面对一时不顺，耐心等待机会

巴顿将军曾经说过：“衡量一个人成功的标志，不是看他登到顶峰的高度，而是看他跌到低谷的反弹力。”任何人的一生都少不了波折，杰出的人之所以杰出并不是因为他能始终如一

地保持优秀，而是他能在人生的低谷守住内心，积蓄能量，静候回弹的那一天。

郑源刚进公司的时候，为人勤勉谦逊，做事一丝不苟，事情总能做得干净漂亮，没多久就受到了老板的器重。老板三天两头地找他谈话，还经常委派他一些关键性的工作。但过了段时间，不知因为什么，老板对郑源的态度变得冷淡了，不再找他谈话也不再特意给他委派重要任务，此时的郑源就像丈二和尚，摸不着头脑了。

私下里郑源左思右想也没找到问题所在，既然找不到缺陷，干脆就把每个方面都当成缺陷。为了改变老板对他的态度，他在以后的工作中全方位努力，全面地完善自己，每一份任务都投入百分百的精力，除此之外他还主动加班。

即便这样，老板仍旧没有恢复对他的热情。他非常灰心，但也没有其他办法，他只能继续保持现在的努力状态，终于在一年之后老板不仅恢复了对他的热情，还给他升了职、加了薪。同事们都很佩服他，说他把冷板凳坐热了。

坐冷板凳的滋味不好受，不仅没有名和利可图，甚至连别人的关注都没有，终日冷冷清清、形单影只，有的时候还会受到别人的冷嘲热讽。但坐冷板凳是人这一生必不可少的一个环节，也是至关重要的一个环节。

《孟子》有言："天将降大任于斯人也，必先苦其心志，劳其筋骨，饿其体肤，空乏其身，行拂乱其所为，所以动心忍性，增益其所不能。"人要成就一番事业，做出一番常人难以企及的成就必须拥有常人不具备的韧性。这样的韧性是在冷板凳上坐出来的，能把冷板凳坐热乎的人还有什么事情做不成？

《庄子》有言："适莽苍者，三餐而反，腹犹果然；适百里者，宿舂粮；适千里者，三月聚粮。"想要走出千里之外，必须"三月聚粮"。一个人能有多高的成就，在人生这条漫漫长路上能走多远，要看他在冷板凳上坐着的时候有什么样的态度和积累。坐冷板凳除了考验外还是个"聚粮"的过程，人不可能永远走下坡路，当人生迎来回弹的时候，能弹多高全都取决于当初"聚粮"的多少。

自从2012年林书豪加入纽约尼克斯队之后，他的名字彻底地响了起来，"林疯狂"在纽约城里刮起了一阵飓风。

原本的替补球员，在勇士和火箭担任板凳球员的位置，最后被裁掉之后又一飞冲天，获得NBA东部周最佳球员的称号，在纽约刮起了一场"林来疯"。一个哈佛大学的高才生，他放弃了一切，就为了打球，宁可在队伍里坐冷板凳也要打球，他不愿意放弃，他相信自己有一飞冲天的机会。

其实林书豪的一飞冲天并非偶然，透过他的经历可以看到：他从少年时代就一直在篮球场上摸爬滚打，这都是源自父亲的喜爱，但他最终也将篮球变成了自己热爱的事业。曾经在网上看到过林书豪私下训练的视频，那时候天还没亮，他只身一人驱车前往篮球训练馆，在空空的训练馆中，独自面对篮筐疯狂地练习。视频的结尾有一个镜头最让人难忘，训练结束后的林书豪脱去上衣，轻轻一拧，汗水瞬间涌出衣衫。

然而那时的他不被业内人士看好，只能成为二线队员，并且两度被开。但是他依旧不改初衷，忍辱负重，哪怕睡沙发床、坐冷板凳，也不放弃。

诚然，机会总会到来，但坐在冷板凳上苦熬苦等的人是抓不住突然降临的机会的，机会只留给有准备的人，在冷板凳上怨天尤人苦苦等候的人最终会被时间磨去意志，面对来之不易的机会，只有干着急的份，只能眼睁睁地看着机会从指缝中溜走。

人生的低谷是一场异常艰苦的修炼，正处其中的我们，要守住心中那团希望之火，练就坚韧的性格，积蓄充足的能量，在修炼中不骄不躁，静候机遇的降临。

8. 静下来，才能找到那块遗失的手表

在诸葛亮临终前写给他儿子诸葛瞻的《诫子书》中，开篇就说："夫君子之行，静以修身，俭以养德。非淡泊无以明志，非宁静无以致远。"君子以"静"来修身，没有"静"则不能实现远大的目标。静下来，人才能听到内心最深处发出的声音，也只有始终如一地循着那个声音，一个人才能让其人生的价值实现最大化。

从前有位地主巡视谷仓时，不慎将一块名表遗失，因遍寻不获，便定下赏金，要农场上的小孩帮忙寻找，谁能找到手表，奖金 500 元。众小孩在重赏之下，无不卖力搜寻，奈何谷仓内到处都是成堆的谷粒和稻草，大家忙到太阳下山仍一无所获，结果一个接着一个都放弃了。

只有一个贫穷小孩，为了那笔巨额奖金，仍不死心地寻找。当天色渐黑，众人离去，谷仓静下来之后，他突然听到一个奇怪的声音。那声音"嘀嗒，嘀嗒"不停响着，小孩立刻停下所

有的动作，谷仓内更安静了，嘀嗒声也更为清晰。小孩循着声音，终于在偌大漆黑的谷仓中找到了那块名贵手表。

每个人的心里都有一块苦苦追寻的表，那块表就是人这一辈子最大的愿望。《道德经》中说："五色令人目盲；五音令人耳聋；五味令人口爽；驰骋畋猎，令人心发狂；难得之货，令人行妨。"世界的嘈杂纷扰蒙蔽了人的真实情感，让人丢掉了内心深处最渴望的诉求，我们大喜大悲，面目狰狞，终日忙忙碌碌不知所以。

很多时候，我们之所以得不到并不是因为自己不够努力，也不是自己没有天分，只是少了那么一颗宁静而专注的心。人只有静下来的时候，才能排除所有的干扰，才能让注意力变得集中，从而做出正确的判断，一颗宁静而专注的心才能找到问题的根源，找出根治问题的办法。

股神沃伦·巴菲特提起他的成功时，只总结出一个词汇——专注。《滚雪球·巴菲特和他的财富人生》是唯一一部经巴菲特本人授权的传记，它的作者是美国人施罗德。

书中，施罗德这样写道：他除了关注商业活动外，几乎对其他一切如艺术、文学、科学、旅行、建筑等全都充耳不闻，因此他能够专心致志追寻自己的激情。

1991 年美国独立日那个周末，巴菲特和比尔·盖茨见面了。这次会面是在凯瑟琳·格雷厄姆和她拥有的《华盛顿邮报》的主编梅格·格林菲尔德的倡议下进行的。会面安排在比尔·盖茨的家庭聚餐上。晚饭的时候，比尔·盖茨的父亲问了大家一个问题："人一生中最重要的是什么？"巴菲特和比尔·盖茨一致地认为是"专注"。

这个世上有太多的诱惑和繁杂的事物，它们此起彼伏，前赴后继地出现在我们的生命里，搅得我们的内心没有一片宁静。这让我们把珍贵的注意力全都分散了出去，散落在数不尽的边边角角。如果在一件事情上我们不能付出百分之百的专注，又怎么能去奢求获得百分之百的收获呢？

拥有一个宁静的心才能更加专注。专注指的就是一次只做一件事情，想要做到专注，最好的方法也是一次只做一件事情。把其他琐碎的事情全都抛开，全心全意地投入到一件事情中去，抛开一切会产生拖累的负面情绪，此时专注的你就拥有了一颗宁静的心。

佛家有言："制心一处，无事不办。"说的是心神若不集中，事情往往办不好；若情感专一、意念统一，则没什么事情是办不到的。制心一处，是佛家修身养性的一种禅理，对于像你我这样被烦恼包围的现代人来说，不失为一种宁心静气的良方。

一颗宁静的心并非空无一物，而是能够专注于某一事、某一物，不分心、不怀疑，始终如一地专注下去。

9. 当你的能力配不上梦想，沉下心去历练

当你的能力配不上你的梦想时，别急着抱怨，也别急着气馁，先问问自己："我付出了一万个小时吗？"沉下心修炼一万个小时，相信没什么是做不到的，毕竟梦想需要时间来支撑。

作家格拉德威尔在《异数》一书中指出："人们眼中的天

才之所以卓越非凡，并非天资超人一等，而是付出了持续不断的努力。一万个小时的锤炼是任何人从平凡变成超凡的必要条件。”这就是“一万小时定律”，英国神经学家认为人脑确实需要这么长的时间，去理解和吸收一种知识或者技能，然后才能达到大师级水平。顶尖的运动员、音乐家、棋手无一例外。

有人发出疑问：“为什么不多不少偏偏是一万个小时呢？这一万个小时又是怎么来的呢？”格拉德威尔对音乐家、运动员等不同领域的杰出人士进行过研究，研究后他发现以每周练习20个小时，大概每天3小时的标准计算，需要练习10年才能在某一领域取得一些成就，这就是一万个小时的由来。

一位著名的推销大师在退休之际要做一场告别演讲，并透露在演讲中他会把他一生的成功之道告诉到场的每一个人。

演讲如期举行了，会场座无虚席。演讲开始后，大幕徐徐拉开，除了推销大师的身影，讲台中央还悬挂着一颗巨大的铁球，推销大师并没有急着演讲，而是邀请了两个年轻人到台上来，递给他们一个巨大的铁锤，让年轻人用铁锤去击打铁球，使它摆动起来。

两个年轻小伙子都膀大腰圆的，他们一先一后地抡起铁锤狠狠地朝铁球砸去，但无一例外，铁球纹丝不动。

两位小伙子退下去后，推销大师从怀中掏出一把小铁锤，走到铁球跟前开始不停地敲打，强烈的反差让场下的人哄堂大笑。但大师不为所动，足足敲了半个小时，在半个小时内无数的人感到失望，先后离场。

半个小时后铁球逐渐晃动了起来，大师没有停，又敲打了10分钟。在大师敲打了40分钟后，大铁球以惊人的幅度晃动着，震惊了场下的每一个听众。这时大师说话了：“这就是成功的秘诀，即使你的力量不够，只要你一直做下去，不断地重复，也能够成功，我的演讲结束了，谢谢。”

用大铁锤猛力敲打都没能撼动的铁球最终因一把小小的铁锤不断击打而疯狂晃动，这充分验证了古人的那句“锲而不舍，金石可镂”。再大的事情、再宏伟的目标，都可以通过每天一点点的努力来完成。但可悲的是，年轻的我们有足够远大的目标，也有足够大的气力去实现它，唯独缺少一颗持之以恒默默修炼的心。

刚刚步入社会，无论我们置身哪一行，都是以菜鸟的身份加入的，想要翱翔蓝天，都要经过一番长期的、艰苦的奋斗。支撑起梦想的因素有很多，比如才华、能力、人脉等等，但这些都必须用时间来换。

赵恺毕业后在一家大型的企业培训机构工作，刚到单位的时候想做培训讲师，却只得到了一份电话销售员的职务。当他决心要辞职的时候主管给了他一次试讲的机会，在讲台上，他真真切切地体会到了做讲师的艰难，也清楚地意识到了自己目前还没有胜任讲师的能力。

后来赵恺不再抱怨职务的高低，踏踏实实从电话销售做起，在工作中逐渐锻炼口才和随机应变的能力。平时主动参加公司里的讲师培训班，业余也不忘多读书，拓展自己的知识面。两年后他成了公司里的“销售冠军”，这时主管决定给他一个讲师的职位。又过了六年，赵恺成了公司里的金牌讲师。

年轻人最不缺的就是梦想和精力，但年轻人总是缺少一颗务实而沉稳的心。我们总认为自己天赋异禀、才华出众，无论到哪儿都会混得风生水起。所以我们总急着去成事，但残酷的事实给了我们一个响亮的巴掌，我们惊醒了。原来我们不过是大千世界再平凡不过的一员，和别人一样，需要用足够数量的付出来支撑自己的梦想。

当能力和才华还不足以撑起自己的梦想时，继续好高骛远只会让自己愈发失败，只有潜心修炼才是正路。修炼并不只是数量的积累，它更像一个发酵的过程，潜心修炼中我们收获的远比当初想象的更多。除了在某件事情上越来越熟练之外，对于事件本身，对于我们自身，对于整个世界，都将有更加深刻的认识，这些才是撑起梦想最关键的所在。

10. 走走停停，让灵魂跟上你的脚步

意大利影片《云上的故事》中有一个镜头：一个富人雇了一群工人帮他搬东西，从山脚搬到山上，工人们走着走着就停下来不走了，无论富人怎样催促，他们就是不走。过了很长一段时间，他们又开始走了，到了山顶。富人不解地问：“你们为何刚才不走了？”他们回答：“刚才走得太快了，把灵魂落在后面了。”

我们每天都在忙忙碌碌地生活，忙碌之余我们是不是也应该停下来问问自己：“我究竟在忙什么？忙碌的我真的活得充实吗？”其实大多时候，我们只是为了让自己忙起来才去忙忙碌碌地生活，一旦停下来，便会感到空虚、无助、恐慌。为了让自己安心，我们不得不用忙碌来麻痹自己的神经。

之所以会感到空虚、无助、恐慌并不是因为太闲，恰恰是因为不够闲，在忙忙碌碌中我们丢掉了灵魂。

在忙碌中，昔日密不可分的友谊正逐渐淡去，来之不易的爱情也正因为忙碌的生活而降温，甚至至亲的父母兄妹，也因忙碌的生活而疏远。回过头来想想，我们忙碌不就是为了一个美好的生活吗？美好的生活不正是由三两挚友、亲密爱人、可爱家人组成的吗？在追逐生活的时候我们也丢掉了生活。

《羊皮卷》中记载了这样一个故事：拉比看见一个人行色匆匆、急急忙忙地赶路，便把他叫住，问道："你在追赶什么呢?"

"我要赶上生活。"这个人头也不回、气喘吁吁地回答。

"你怎么知道生活在前面呢?"拉比继续说，"你拼命往前跑，一心一意想赶上生活，可是你怎么不看看四周呢，问问自己生活究竟在哪儿？也许生活正在你后面追赶你呢。只要你静下心来，它就能与你会合，可是你却越跑越快，拼命逃离了自己的生活啊。"

王小波说：人拥有此生此世是不够的，他还需要一个诗意的世界。诗意的世界由灵魂来构建，它是独立于现实生活之外的一个草长莺飞，姹紫嫣红的世界，它只存在于人的内心里。无论外面的世界有多残酷，在内心的世界中始终都是温暖的春天，当我们在外面的世界受了伤，流了泪的时候，回归内心，便可以把这一切的伤痛全都忘掉。

这样一个诗意的世界需要我们去构建，也需要我们去维护，它是人这一生中唯一的净土。无论多忙，也要让自己闲下来去经营那个诗意的世界。

《给心灵一次放松的机会》是德国著名的喜剧演员和节目

主持人哈沛·科可林的笔记体著作。

哈沛·科可林曾先后斩获了“斑比奖”“金摄影奖”“格里莫奖”等众多演艺界的大奖。在世俗的眼光中，哈沛·科可林已然是一个成功人士。然而在高强度的工作下，哈沛·科可林失去了自己的健康，他感觉到了自己内心深处的疲劳。

他意识到应该给自己的心灵放个假了。于是他放下工作，背上11公斤重的背包，开始了为期38天的朝圣之旅。

《给心灵一次放松的机会》便是哈沛·科可林在“圣雅各布古道朝圣之旅”中的日记。这既是他的一次放松，更是对生命意义的探寻。有着极其类似经历的还有万科集团的创始人王石。

王石在他的自传《让灵魂跟上脚步》中记录了他历时一年多“重走玄奘路”的所见所闻和心路历程。在这本书的后记部分，王石指出“身处的社会、我所带领的企业和我自己，都在高速发展变化。我们的速度太快了，脚步远远跑在前面，灵魂跟不上来，整个社会因此变得很浮躁……”由此，他给出了让灵魂跟上脚步的方法：

第一点是加快灵魂的步伐，要像曾子一般“一日三省”，多反省，多思考，多总结。富豪比尔·盖茨先生每年都要给自己7天的时间来“闭关”。我们虽然不能像盖茨先生一般，留出特定的时间来反思，却可以每天在睡前回顾一下一整天的得与失。

第二点就是我们应该放慢生活的脚步。不要因为太忙而忽视了对生活的享受，友情需要维护，爱情需要经营，亲情也需要常常去亲近。其实维护这些感情是一件温暖的事情，人世间的情感能冲淡生活中所有的不快。

徐泓在她的《不要因为走得太远而忘记为什么出发》中说：做人最重要的是什么？是感受，你那种感受要准确，要真实，你要尊重你的感受。

我们匆匆忙忙赶路的时候，最容易忽略的就是自己感受，忙忙碌碌生活的时候，最害怕的就是正视自己的感受。感受的背后才是灵魂所在，别妄图通过加快脚步的方式去躲避你的灵魂，落在你身后的灵魂会成为你一辈子的累赘。等等它，让灵魂跟上你前进的脚步。

第十章

脾气没了，运气来了

1. 上帝要让一个人幸福，必先让他拥有好脾气

阿伦在高中的第二学年成绩下滑非常明显，原本就是短板的数学更是掉到了不及格的境地。不过，阿伦的爸爸并不着急，他对儿子说："别担心，如果你能把坏的经验变成好的经验，你就能超过那些一开始便通过了的同学。失败有的时候能让人变得更差，但有的时候，它也会让人变得更棒，关键要看你会不会把坏的运气转化成好运气。"

阿伦仍旧沮丧，他对父亲说："可我的成绩单上写的是 F 啊，它会伴随我一生的！"

爸爸笑了笑，说："没错，这些分数你是甩不掉的，但从中得到的收获会让你受益终身。如果你能把这些坏事变成好事，那么你人生中的这一课，收获的东西可比分数重要多了。"

阿伦丧气透了，咬牙切齿地说恨透了自己的数学老师。爸爸却说："瞧，你的数学老师赢了，你输了，因为你现在完全是一副失败者的模样。"阿伦愤恨地说："全校都知道我不及格，而这都是那个可恶的数学老师干的，我能怎么办？"

"他有权利给你打不及格。"爸爸继续说道，"而你也有权利选择你要做的事情——你可以接着抱怨、发脾气，甚至去偷偷报复你的老师，比如扎坏他的车胎；当然，你也可以做一些好事，比如在体育场上，用你的能力去争取一些荣誉，让老师

和同学看到另一个优秀的你，那你就赢了。这样，坏运气就不见了，好运气就来了，不是吗？”

得到了一个让人难以接受的分数，每个人都会产生一些不满的情绪。如果任由这不满的情绪蔓延，甚至做出一些愚蠢的行为，变得面目可憎，有可能会成为群体中永远的笑柄。但如果你能控制好自己的脾气，坦然接受事实，在其他方面寻求突破，说不定就能变厄运为好运。

对于阿伦而言，也许他的数学成绩不太理想，但体育出众的他同样是优秀的，女孩们不仅仅喜欢学习好的，大学也不仅仅凭学习成绩来选拔学生，只要是优秀的，在哪儿都不会被埋没。当然，前提是阿伦能把他的坏脾气控制住，脾气好了运气才能好。

幸福从不会降临到那些毫无准备的人身上，只有那些承受得住挫折的人才配拥有幸福，才不会浪费幸福。这些人经历过了艰苦卓绝的磨炼，在一次次濒临崩溃之中收获了常人所不具备的坚韧品性，只有这样的人才能牢牢地抓住幸福。

文静情路坎坷，一路走来历经波折，能回到“原点”实属难得。

刚进入职场的时候，文静被一位前辈悉心关照，不知不觉，她爱上了这位前辈。但两个人在一起一段时间后发现彼此的人生价值观完全不同，最后只好分手。过了一年，文静认识了一位优雅的男士，两个人情投意合，正当她以为这样的幸福会永远持续下去的时候，她很不幸地又一次遭遇了分手。

其实，文静还有一个初恋男友，但因为青春年少时期的她懵懂任性，俩人相恋一年便分开了。

一次偶然的机会，文静和初恋男友再次相遇。此时双方都已经过了而立之年，谈起过往都唏嘘不已。她说自己再次遇到初恋男友时，就感觉到他还有那份情感。文静说：“可能有时候你有某种情感你也不知道，我一直以为初恋情人是特别的。他等了我二十多年，但直到现在，我才觉得自己能更好地把握这份感情。”

王家卫在他的电影《2046》中说：“其实爱情是有时间性的，太早，或是太迟认识结果都是不行的。”当初任性懵懂的文静没能把握住幸福，是因为她还不够成熟，缺少一些留住爱情的因素。但当她经历了坎坷的感情之路后，那些原本欠缺的她都拥有了，虽然过程是痛苦的，但这些经历让她变得更加平和美好，此时的她方能更好地拥有爱情。

其实，所有的幸福都是如此，它们数量很少，分量却很重，需要一双成熟而稳重的手去抓紧、去承接。成熟和稳重包含的内容很宽泛，好脾气是其中至关重要的一点，有人说：“不能生气的人是傻瓜，而不去生气的人是智者。”“不去生气”这样的大智慧是在磨难中造就的，能“不去生气”才能留住幸福。

上帝在让一个人拥有幸福之前一定会让他拥有一副好脾气，好脾气才留得住幸福。

2. 保持微笑，它能招来幸运女神

“爱笑的女孩运气总不会太差”这句话不知不觉火遍了整个网络，出自古龙的《大人物》，原话是：“笑得甜的女人，将来运气都不会太坏。”除此之外，古龙在他的《多情剑客无情剑》中还说：“笑，就像是香水，不但能令自己芬芳，也能令别人快乐。”微笑拥有一种神奇的力量，它总能带来好运。

以前，杜蕊是某集团公司新闻中心的负责人，公司里大大小小的活动她都能参加，可是后来她被调到了一个小镇上工作，这样一来她能参加的活动就一下子减少了，从风光无限猛然间沦为默默无闻，杜蕊一时间接受不了这样的落差，终日郁郁寡欢。

在小镇上，她和同时来的陈东混得挺熟。她很佩服陈东，陈东才华横溢，但在这个充满了“人情味”的小地方根本不给他大展宏图的机会。陈东似乎并不为此而苦恼，反倒是每天兢兢业业地工作，开开心心地生活。杜蕊为他的遭遇感到惋惜，便问：“我看你整天一副心满意足的样子，你难道不觉得不值吗?”

陈东微微一笑，轻描淡写地说：“觉得不值又能怎样？很多时候，不是我们选择生活，而是生活在安排着我们，因为不安于生活的安排而整天闷闷不乐能有什么好处？只能让自己的心情变得更糟，甚至让本该属于你的幸福也远离你。”

陈东的一席话让杜蕊大梦初醒。从此她收拾起郁郁寡欢的心情，重新带着微笑的面容投入到基层的工作中去。因为工作态度积极了，她的工作效率也提升了一大截，就在调到小镇后的第二年，她和陈东同时被公司评为优秀员工，还被调离了这个偏僻的小镇。

有人说：“就算不快乐也不要皱眉，因为你永远不知道谁会爱上你的笑容。”微笑是这个世间最为迷人的表情，它拥有一股神奇的力量，即使铁面无私如命运，面对一张带着微笑的脸，也很难狠下心来去刁难。微笑让你得到的不仅仅是一个好的心情，还有一个让人羡慕的处处春暖花开的人生。

微笑就像一道温暖柔和的阳光，给正处于寒冬腊月的人带来了春天的希望。无论我们有过怎样的经历，或者正在经历什么，都不要忘了微笑，微笑中带着的是生生不息的希望。

有人说："生活就是一面镜子，你对它哭，它就对你哭；你对它笑，它也会对你笑。你取悦它，它赐予你友善；你敌视它，它奉还你冷漠。"的确是这样，生活从来都不是预先设定好的，你用怎样的态度去生活，生活就会还你一个怎样的命运。

心理学家戴尔·卡耐基曾让学员们试着微笑一个星期，每天都对身边的人报以微笑，然后谈谈自己的感想，一位学员这样描述道：

"我结婚已经十年了，在此之前我很少对我的妻子微笑。一天，我微笑着对她说：'早安，亲爱的'，她惊讶不已。我笑着对她说今后我会一直这样做，事实上我也做到了，连续一个月来，我们家所得到的幸福比过去一年还要多。"

"除此之外，我会对地铁的售票员微笑，对公司门口的警卫微笑，对同事微笑，对所有来公司的客户微笑。"

"我得到的回报不只是他们的微笑，甚至连那些平日里满肚子牢骚的人也开始对我友善了。我自己也变成了一个快乐的人，有时一想到那些愉快的事情，我还会情不自禁地微笑起来。"

微笑的魅力是双向的，当你在对别人微笑的时候，和善的微笑不仅能让对方感觉如沐春风，反过来，自己也会因此而变得心情愉悦。而被你微笑对待的人也总会用善意去对待别人，无论在亲密关系中还是在路人的擦肩而过时，微笑总能让彼此之间的关系变得更加美好。

对自己，不要吝啬你的微笑，微笑是困境中的希望，是战胜困难的动力。对别人，更加不能吝啬你的微笑，你永远不知道在萍水相逢之际，你一个简简单单的微笑将给对方带来怎样大的影响。微笑是鼓舞，陌生人的鼓舞有的时候更能催人奋进；微笑是谅解，陌生人之间的摩擦会因此而消散；微笑是友善，你永远不知道一个微笑之后会有怎样的惊喜在等着你。

带着微笑去生活，相信一切都是最美好的安排，蓦然回首，你会发现，幸运女神不知不觉间已经降临到了你身边。

3. 总有些事情是值得高兴的

韩寒说："生活中值得高兴的事情太多，别把目光都盯在那些让你不愉快的事情上。"哈佛大学著名的泰勒·本·沙哈尔教授曾经在《时尚健康》杂志上提出这样一个冥想的主题：与你心中最快乐的那个孩子对话。

每个人的心中都住着两个孩子，一个快乐的孩子，一个悲伤的孩子。常与快乐的孩子对话，让心中装满值得高兴的事情，能让你保持好心情，拥有好脾气。

阿根廷有一位著名的高尔夫运动员，在一场比赛中这位运动员赢得了一笔可观的奖金，当他拿着支票，准备回俱乐部的时候，一位年轻的女子走上来，向他哭诉，说自己的孩子得了重病，医生说如果再拿不出医疗费用，孩子的生命就保不住了。

这位运动员听完，二话没说，掏出笔就在刚刚赢得的支票上飞快地签了名，然后把支票塞给那个女子说："这是我参加比赛的奖金，希望可怜的孩子能走运！"

过了几天，运动员的一个朋友问他是否遇到了一个自称孩子病得很严重的女子，并且给了她一张支票，他点头称是，并问："你知道那个孩子的情况？他现在的病情怎么样了？"他的朋友说："我不得不告诉你一个坏消息，那个女子是个骗子，她根本就没有结婚，更不可能有什么病得很重的孩子！你被她骗了。"

朋友以为他会很生气，很沮丧，但是这位运动员却急迫地问："哦？你是说根本就没有一个小孩子病得快要死了？"当得到了确切的消息后，他说："谢天谢地，这真是一个好消息。"

正如这位运动员的遭遇，天下没有完完全全的好事，也不会有完完全全的坏事。有的时候，一件事情的好与坏只取决于人的内心。如果这位运动员眼睛里只有自己的奖金，他将认为这是一场骗局，但心忧孩子健康的他看到的是没有身患重病的孩子。在他眼里，这一点要比得到的奖金更有价值。

很多事情没有一个固定的标准来衡量是与非，对与错。正如一枚硬币有正反两面，一件事情总是有好的一面和不好的一面，重点就在于我们选择去看它的哪一面。不同的选择会产生不一样的心情，同时也会培养不一样的脾气，有的时候，培养好脾气很容易，不过是凡事都往好处想，做一个乐观的人，脾气自然而然就好了。

当一件事情突然降临，人往往会有下意识的反应，根据自己过往的经历，迅速地对这件事情做出好与坏，利与弊的判断。

但事情到此为止即可，千万不能让粗略的判断影响了自己的情绪，静下来，把事情往好的一方面想，也许真的就能出现转机。

森林里失火了，森林之王老虎得知后立刻派猴子消防队去控制火势，尽管消防员们全力扑救，还是损失惨重，有的动物受了重伤，有的动物家中被烧得干净。这下可把老虎给急坏了。它心想：出了这样大的事故，以后选民们肯定不会再选自己当森林之王了。

这时，松鼠记者来采访。老虎慌了神，说酿成此大祸，实在是一时疏忽，是自己的防护措施做得不够，对不起那些受伤的动物。但天灾人祸想躲也躲不过啊，请求松鼠千万别报道出去，否则自己的前程就断送了。

松鼠说："放心吧，你把详细的经过告诉我，我保证不会断送你的前程。"于是老虎把事情从头至尾说了一遍，还领着松鼠，到处走访，拍了不少照片。

第二天，《动物快报》头版头条便登出了消息——《森林突起大火形势万分危急，老虎挺身而出身处救火一线》。报道中列举了老虎听到失火消息后如何组织群众救火，如何身先士卒，如何受伤还坚持援救伤员，事后如何紧急安排部署，如何解决受伤动物的生活问题等。

此报道一出，立即在动物王国中引起了强烈的反响，老虎的英勇和机智，使得火灾的破坏减少到了最小，于是它很快成了英雄。松鼠记者来做跟踪报道时对老虎说："问题都有其两面性，坏事有时候也可以变成好事。"

脾气好的人也和我们一样，在不断地经历着糟糕的事情，不同的是，当这些糟糕的事情降临时他们不会急着去动怒，而是选择冷静。这是他们总能保持好心情和好脾气的秘诀。

其实，意识到事情总有两面性之后，培养好脾气就变得很简单了，不过是每次想要发脾气的时候都提醒一下自己把事情往好的方面想。有的时候虽然这个方法并不会马上让人开心，最起码它会让坏脾气得到一个缓冲，如此一来坏脾气也将变成好脾气。

4. 每天都过“感恩节”

《追风筝的人》中有这样一句话：“我望着清晨灰蒙蒙的天空，为空气感恩，为光芒感恩，为仍旧活着感恩。”在懂得感恩的人眼里，这个世界总是美好的，即便是那些足够让人悲痛的遭遇，在他们看来也都是上天出于美好的目的而安排下的一场小小的考验，这些人总是快乐的。

很多时候，发脾气与遭遇有关，但脾气由心而发。事情虽然无法去控制，但心是可以控制的，让自己有一颗感恩的心，把每一天都过成感恩节，坏脾气也会渐渐消散。

露丝的父母都是狂热的网球爱好者，露丝一出生，她的父母就下决心要把她培养成一位专业的网球运动员。

父母的精心培养，再加上过人的天赋，15 岁的露丝已经成为了一名相当优秀的网球手。这一年她第一次参加职业网球巡回赛，比赛中她一路凯歌高奏，连续击败了几名老手，顺利闯入半决赛。少年得志的她有些得意忘形。

一次露丝和好友一起逃课出去打篮球，不小心把左手腕给伤了。虽然这次受伤对她的影响不是很大，但这让她最引以为豪也是她杀伤力最大的双手反手击球再也无法发挥出以前的水平了。露丝为此而陷入了深深的苦恼中，甚至产生了放弃网球的念头。

这个时候露丝的父亲把她叫到了跟前，对她说："你为什么不借此机会多锻炼一下你的右手，提高一下你右手的进攻质量呢？"

听了父亲的话后，露丝把大量的时间放在了右手击球的练习上。令她想不到的是，她右手上拥有的天赋是别人梦寐以求的。在一次比赛中，露丝就是用她颇具天赋的右手，打出了绝妙的反击，击败了强劲的对手。

在遭遇不幸的时候，每个人都会产生负面的情绪，心性好点的会郁郁寡欢，差点的会勃然大怒。不知你是否留意过，在经历了每一次的不幸之后，心智会多一点坚韧。不幸，其实也是一种磨炼，磨炼的过程必然是痛苦的，但没有磨炼哪能塑造一颗坚韧强大的内心。

遭遇了不幸，不妨就把这种不幸当成一种磨炼，用感恩的心去看待这场磨炼。感恩它对我们心智的打磨，更感谢它在磨炼之后带给我们的惊喜，就像露丝会感谢左手的受伤让她发现了更加强大的右手一样。

其实，懂得感恩的人不仅能让自己保持一个好的心情，还能为自己带来好的机遇。一颗懂得感恩的心一定也是一颗善良的心。带着感恩和善良去生活，一定也会遇到机遇和好运。

菁菁是一位单身女教师，她每天都和同事一起在教工餐厅吃饭，同事们在一起吃饭的时候经常抱怨清理餐桌的大姐态度不好。这天菁菁和同事下课晚了，她们到教工餐厅时已经没有干净的空余桌子了，她们只好在一张还没有收拾的餐桌边坐下。

这时候清理餐桌的大姐见她们坐下了，只好懒洋洋地带着一脸不开心的表情走过来帮她们收拾桌子。这位大姐刚站到桌子跟前，菁菁就温柔地对着大姐说了一句：“麻烦您了。”说完不忘微微一笑。

这位大姐一扫原来的态度，满脸笑意地回道：“不用谢。”然后就在菁菁同事吃惊的眼光下迅速地收拾了桌子上的碗筷，并史无前例地把这张桌子仔仔细细地擦了一遍。事情过后菁菁对同事说：“很多时候一句简单的‘麻烦您了’能换来好多美好的事情。”

那些被认为是“理所应当”的事情往往最需要去感谢，比如父母的关爱，恋人或妻子的关心，餐馆里侍者的服务，购物时店家的热情招待，等等。面对他们，我们不感谢也不会有什么不妥，但简简单单的一句“麻烦您了”就能在其中注入一股暖流，听者愉悦，就会在“理所应当”的基础上多添一份关怀，毕竟友善总是相互的。

凡事少一分苛求与抱怨，多一分感恩与谅解，无论是萍水相逢还是朝夕相处，总能让彼此间保持和谐。常怀感恩的人无论身处何地总不会有太差的境遇，有的时候我们总羡慕那些幸运的人，却不知道幸运其实并非全都靠运气，一颗感恩的心能创造美好，把厄运变成好运。

让感恩成为习惯，把每一天都过成感恩节，人自然能与好脾气永伴。

5. 没事多想想自己拥有的

一位先生垂头丧气地来到教堂，坐在牧师面前，他对牧师诉苦：“都说要常常对上帝献上自己的感恩之心，如今我一无所有，失业已经大半年了，工作找了十多次，也没人用我，我没什么可感谢的了！”

牧师问道：“你真的一无所有吗？其实你拥有的并不少，不过是你没感觉到罢了。这样吧，我给你一张纸、一支笔，我现在问你几个问题，你要认真地做好记录。”

牧师问：“你有太太吗？”他回答：“我有妻子，她不因我的困苦而离开我，她仍旧爱着我。相比之下，我的愧疚也更深了。”

牧师问：“你有孩子吗？”他回答：“我有 5 个孩子，虽然我不能让他们吃最好的食物，受最好的教育，但孩子们很争气。”

牧师问：“你胃口好吗？”他回答：“呵，我的胃口好极了，由于没什么钱，我不能最大限度地满足自己的胃口，常常只吃七分饱。”

牧师问他：“你睡眠好吗？”他回答：“我的睡眠棒极了，一碰枕头就能睡熟。”

牧师问：“你的身体怎么样？”他回答：“我的身体挺结实的，长年累月也不生一次病，感觉浑身有用不完的力气。”

牧师问：“你有朋友吗？”他回答：“我有一帮善良而可靠的朋友，在我失业的这段时间里，他们不时地给予我帮助，而我却无法回报他们！”

最后，牧师说："现在你总结一下吧，看看你都拥有什么。"他说："是的，我有个爱我的好太太，5个争气的好孩子，我胃口好，睡眠好，有一个结实强壮的好身体，还有一帮善良的朋友。"

牧师说："祝贺你！你是如此富有，怎么能说自己是一无所有呢？你可以回去了。"这位先生回到家后看着其乐融融的一家人，心情豁然开朗，从此他不再浑浑噩噩，经过一番努力，他找到了一份相对满意的工作。

脾气不好的人总习惯于对自己尚未拥有的耿耿于怀，而忽视自己实实在在拥有的。我们总是把财富物质化、金钱化，误认为高薪、豪宅、豪车、高品质的生活才是财富的象征，却忽视了人这一生最宝贵的财富：爱你的妻子，健康聪明的孩子，强健的身体，忠实的朋友……

现在的我们急需重新定义一下"财富"的含义，财富更多的时候不是指那些我们还未拥有的，而是指我们已经拥有；财富不只是指金钱名誉等身外之物，还包括亲情友情爱情等人生最宝贵的情感。

我们除了要计算那些已经失去的和尚未得到的，更应该算一算你还拥有多少。失而复得固然难能可贵，但有些东西一去不复返，你不可能随着它们一起湮灭，生活还要继续。尚未得到的、还在迷茫中的未来，无论你怎样着急，它都不会快一步到来。

这个时候，不妨多算一算你还拥有多少，失去的东西让人心存遗憾，还未得到的让人坐立不安，只有手中牢牢把握着的才能让人感到心安，并给自己坚持下去的勇气和继续奋斗下去的希望。

从前有一个富翁去海边散步，在沙滩上看见一个渔夫躺在阳光下悠闲地晒着太阳。于是富翁走过去问道：“你怎么不去捕鱼？”

“捕鱼干什么？”渔夫反问。

“挣钱买大渔船啊！”

“买大渔船干什么？”

“打更多的鱼，你就会成为富翁了。”

“成了富翁又怎么样？”

“成了富翁之后，你就不用辛苦地打鱼了，就可以幸福自在地晒太阳啦！”

“难道你没看见我正在晒太阳吗？”

渔夫的反问，让富翁哑然。

很多时候，我们的坏脾气来自不知疲倦地追逐和恋恋不舍地挽留，误认为幸福在未来和过去，却不知真正的幸福就在眼前。幸福远没我们想的那样复杂，不需要多大的房子，也不需要多么豪华的汽车……

对于饥寒交迫的人来说，只要有一顿饱饭就是最大的幸福；对于疲惫不堪的人来说，只要能美美地睡上一会儿，就是幸福；对于孤苦伶仃的人来说，能有个亲人相伴就是幸福；对于心灵孤独的人来说，只要能找到个倾听者就是幸福；对于迷路的人来说，只要能遇到个热心人帮忙指路就是幸福。

幸福与金钱、权力不一定成正比，其实幸福就在眼前，它只是一种感觉，与金钱的多少、权力的大小的关系远没我们想象的那样大。不要再为那些尚未得到的寝食难安，也不要再为已经失去的耿耿于怀，要相信你已经很富有，你已经很幸福！

6. 明天的事，交给明天的你

面对一件事情，我们总想一劳永逸地彻底解决掉。但很多事情是无法一蹴而就的，那些需要长期付出努力的工作，没有必要因为它庞大的工作量而苦恼，因为每一天你都只需要完成当天的任务，明天的事情还有一个充满活力的明天在等着它们，何必在今天就预支属于明天的烦恼。更何况很多当下被我们视为“烦恼”的事情，等它真正到来的时候说不定反倒会很轻松。

有一个小和尚，他需要每天早上清扫寺庙院子里的落叶。这不是一件轻松的事，小和尚每天早上都要花费许多时间才能清扫完毕，尤其在秋冬之际，每一次起风时，树叶总会随风飘落。这让小和尚头痛不已，他一直想要找个好办法让自己轻松些。

后来有一天，一个和尚跟他说：“你可以在每天打扫落叶之前，先用力摇树，把落叶统统摇下来，那第二天就不用辛苦地扫落叶了。”

小和尚听后觉得这个提议不错，于是第二天他就照着这个方法做了。他起了个大早，猛烈地摇树，心想着：这下今天跟明天的落叶就能一次扫干净了。

可第二天，小和尚到院子一看，不禁傻眼了。院子里的落叶根本没有减少，还是和平常一样多。这时老和尚走了过来，意味深长地对小和尚说：“傻孩子，不管你今天怎么用力，落叶明天一样还是会飘下来啊!”

就像院子里总有扫不完的落叶，很多事情无论今天的我们如何努力，如何苦恼，明天到来时，它终究还是无法避免，这些事情本就只属于明天，今天我们所有的担忧不过是一种徒劳，白白地为自己带来不必要的心理负担。

今天的事情已经让我们焦头烂额了，如果再去担忧明天，只会加重身体的负担，长期下去身体必将吃不消。预支明天的烦恼其实也是在透支自己的身体。

牧师威廉·伍德工作非常繁忙，长期处于极大的压力之中，使得他经常会头痛、胃痛。

有一天，伍德先生一边坐在餐桌前喝咖啡，一边看着他的妻子玛丽娅在厨房里洗盘子。一家人用餐的餐具都堆在水池边，仅盘子就是一大摞。伍德忽然冒出一个念头：我们结婚已经 18 年了，如果每一餐都要洗这么多盘子，一日三餐，那么这 18 年来她一共要洗多少盘子啊！恐怕地下的那间仓库都堆不下吧。伍德忽然觉得一下子洗那么多盘子真是让人绝望，不知道自己怎么会有这样可怕的念头。

可是，现在玛丽娅不但没有一点烦恼之色，反而穿着她钟爱的花裙子，一边刷着盘子一边哼着歌，仿佛她不是在刷脏盘子，而是在跳舞。伍德看着玛丽娅，感到有点不解。

玛丽娅终于洗好了所有的餐具，她走过来坐在伍德身边，拿起一杯咖啡。看到伍德一脸迷惑的表情，忍不住问道：“亲爱的，是什么事让你感到困扰?”伍德笑了笑，把自己刚才的念头告诉了玛丽娅。“哈哈，是的，亲爱的。”玛丽娅听了忍不住大笑起来，“如果当年你求婚的时候，送给我的不是玫瑰花和那枚戒指，而是几乎可以装满整整一个仓库的脏盘子，恐怕我真的会被吓跑，不会嫁给你了。但是，现在我一点都不觉得它们是什么问题，因为我根本不用一下子刷那么多盘子，我每天只要刷当天的盘子，明天的盘子留给明天去洗就行了，不是吗，亲爱的？”

听到玛丽娅的这番话，伍德恍然大悟：是啊，玛丽娅根本不用一天刷那么多盘子，那么我也不需要一天解决掉所有的问题，不是吗？

从此，伍德先生开始努力改变自己的工作状态，开始注意休息，不去想明天的工作。渐渐地，那些困扰他多年的头痛、胃痛竟然一去不复返了。

伍德先生的想法本就很奇怪，很少有人会因为一辈子都无法摆脱的脏盘子而苦恼，就像很少有人会因为一辈子都无法躲避的一日三餐而苦恼。

如果把玛丽娅一辈子需要刷的盘子一下子全都放在眼前，那的确算得上一项浩大的工程了。但这显然只是一个天真的想法，因为无论是过去洗过的盘子还是未来将会洗的，都无法放到眼前。马丽娅手边的始终都只有那几个固定数目的盘子，她每天只需花费十多分钟的时间即可轻而易举地完成。

生活中有很多类似于“洗盘子”这样需要无数个明天去付出的长期性辛苦的事。这些事情本就是无法一步到位去解决的，强制性地把它想象成一件可以一下子堆到眼前的“庞大工程”只是一种虚幻的想法。明天才会到来的事情，无论你今天如何烦恼都无济于事。

明天才会来的事情就交给明天去做，今天只需要踏踏实实地把眼前的事情做好就行，当那些无法逃避的事情到来时，反倒会变得平平无奇。

生命是由无数个明天组成的，既然昨天已经安然度过，今天继续努力就好了，没必要因为明天而烦恼，因为所有的明天都将变成今天，再变成昨天。

7. 山不过来，我就过去

穆罕默德说："这个世上根本就没有移山大法，唯一能够移动山的方法，就是'山不过来，我过去。'"这个世上有太多如山一般不可撼动的事实，如果事实不可改变，那就改变我们自己吧。

生活在这个世上难免会与这个世界发生矛盾，与我们发生矛盾的，可能是某个人，也可能是一个团体，还可能是一个社会现象。很多时候矛盾是不可调和的，必须有一方做出相应的调整，改变总是一件不舒服的事情，所以我们首先想到的是改变对方。后来我们发现，大多数的时候对方是难以改变的，能改变的只有自己。

张檬是一名刚刚进入职场的新人，刚来的那几天，她对公司的一切都充满了好奇，对工作也是热情满满，可没多久，张檬的心里就产生了逆反情绪。

原来，张檬在公司待的时间长了，渐渐地发现了公司中有很多不尽如人意的地方，这让张檬非常失望。带着这种埋怨的心理，张檬的工作态度越来越不好，有的时候甚至会抱怨公司那些不尽如人意的地方。

有一次，她又在办公室里和一个同事发起了唠叨：“想当初我进来的时候，也不知道这个企业是这个样子的，你看看这个公司，怎么看都浑身是毛病，工作上的一些大病不挑，只对一些小问题斤斤计较，管理方面也不完善，干得真是没劲。”不巧的是，本来无心的几句唠叨，正好被经过的上司听见了，毫无疑问，张檬被炒鱿鱼了。

最开始，张檬对此并不在意，她想，反正自己觉得这个公司也好不到哪里去，辞了就辞了，大不了再找下家。可是，当她再次投入到求职大军中后却再没找到比这家被自己看“不顺眼”的公司更好的了，三个多月过去了，当同学们都找到了适合自己的岗位，张檬依然还在求职大军中晃荡着，无所适从。

张檬并非个例，在职场中总是会听见周围有不少人经常抱怨自己的工作。例如：经常性的加班、同事之间的矛盾、工作任务的压力等等。其实，工作本就不是为我们量身定做的，它不可能让每一个员工都百分之百地满意，公司更加不会因为某一个或几个员工的不满就做出改变，我们只能改变自己来适应这个职场。

“适者生存”是自然界永恒的真理，沧海桑田之中，能让自己发生改变来适应环境的都生存了下来，那些不肯改变的都走向了灭亡。其实，这条真理在职场中同样适用，改变自己也是一种能力，懂得改变自己的人才能更快地融入新的环境中，在激烈的竞争中赢下第一步。

很久以前，人类都是赤脚行走的。一位国王去偏远的乡间旅游，路上有很多碎石头，把他的脚刺得生疼，他大怒，回到皇宫后，就下令将国内的所有的道路都铺上一层牛皮。他觉得这样做，不只自己不再受苦，全国老百姓也都可以免受刺痛之苦了。

愿望是好的，问题是哪里来那么多牛皮？就算把全国所有的牛都杀了，也筹不到足够的皮革，这还不算用牛皮铺路所花费的金钱、动用的人力。但既然是国王的命令，谁敢说个“不”字呢？

就在大家为此发愁的时候，一个聪明的大臣大胆向皇帝谏言说：“国王啊！为什么您要劳师动众，牺牲那么多头牛，花费那么多金钱呢？您何不只用两小片牛皮包住您的脚，这样不就免受刺痛之苦了吗？”

国王一听，当下领悟，于是立刻收回命令，采用这位大臣的建议。据说，这就是“皮鞋”的由来。

人类的力量终究是有限的，我们不能在所到之处都铺上牛皮，一个人的力量更是如此，所以，当人和路产生了矛盾时最好的办法就是在自己的脚上包上一层牛皮，以此来适应无穷无尽的道路。

除了环境，个人不能改变的还有很多，比如别人的生活习惯。老一辈人的身上总有一些奇奇怪怪的生活习惯，子女也曾尝试过帮助他们做出一些改变，但这都是徒劳的，老人坚持了一辈子的习惯又怎么会因为我们的三言两语就改掉。

但事情并非只有一种做法，每个人都会有自己不同的习惯，当你不能改变别人时，需要改变自己来适应他们。与长辈相处如此，与朋友相处也是如此。

人的一生会遭遇各种各样的矛盾，而有的矛盾是难以躲避的，当遭遇到了不和谐的事情时，最好的办法是改变自己，因为我们能完完全全掌控的只有自己。

8. 提醒自己：我很快乐

如果我问你："你快乐吗？"很可能你会给出否定的答案，当我问你为什么不快乐的时候，每个人都会给出不一样的答案。就像列夫·托尔斯泰《安娜·卡列尼娜》中说的那样，"幸福的家庭都是相似的，不幸的家庭各有各的不幸。"很多的时候，快乐的人感觉都是相似的，但不幸的人各有各的不幸。

职场上身居要职，又拿着高薪的人因为工作压力过大而不快乐；在机关单位做公务员的人因为工作太过单调而不快乐；坐拥千万身家的人因为太忙而不快乐；小商小贩又因为收入不稳定而不快乐；单身的人因为生活过于寂寞而不快乐；而终日成双入对的人又会因为没有自由的空间而不快乐……

不快乐的人将快乐与否同身份、地位、收入全都扯上关系，自始至终都是不快乐，而快乐的人无论在哪都会开开心心。其实，快乐只是一种心境，所谓"境由心生"，内心快乐了，无论有怎样的遭遇都会快乐，而快乐的内心可以通过自我暗示来获得。

所谓的暗示是指：人或环境以非常自然的方式向个体发出信息，个体无意中接受了这种信息，从而作出相应的反应的一种心理现象。暗示可以来自他人，如"望梅止渴"，同样，暗示也能来自自身，如"杯弓蛇影"。暗示也有积极和消极之分，积极的暗示能产生让人意想不到的力量，成就一件不可思议的事情，而消极的心理暗示可能会毁掉一个人。

一位工人下班后被锁在了冷库里，第二天被人们发现时这人已经被冻死，令人惊奇的是，那段时间冷库里根本就没有通电，冷库内的温度也只是常温。

其实那位工人之所以惨死冷库，都是心理暗示在产生作用。他一直在暗示自己冷库里很冷，最终被活活“冻死”。

心理暗示能影响人的行为，同样，对于人的情绪，心理暗示也能起到一样的效果。如果你不断地暗示自己拥有积极的情绪，你的情绪就会随之高涨起来，当你暗示自己消极的时候，你的情绪也会逐渐变得消极。

当然，不会有人去主动暗示自己情绪消极的，消极只是一个念头，当它产生了之后，便如野草一般疯狂地生长，积极的情绪因此而变得奄奄一息。此时我们需要采取合理而有效的方法来激励自己，让自己积极的情绪重新振作，占据我们心灵的土壤。

激励自己，首先需要注意的是凡事都不要给自己一个不快乐的理由。我们会莫名其妙地心情大好，却不会莫名其妙地不快乐，所有的不快乐都有一个原因。这个原因或许与我们的遭遇有关，但归根结底都是自己给自己的，把不快乐的理由挖出来并抛出去，这是一个根治的办法。情绪也是有根的，当我们断了它的根，它便不会再肆意蔓延。

遇到不开心的事情先问问自己究竟是因为什么而情绪低落，当你把那个让你变得消极的恶魔揪出来，暴露在阳光下的时候，你会发现它远没想象中可怕。

接着，我们要告诉自己：“我要快乐。”心就像一方被清空的土壤，你想要怎样的情绪，就需要提前选出怎样的种子，在这片土壤上播种。在拥有快乐之前需要把快乐播种。心中强调“我要快乐”才能把其他不良的情绪扼杀，让那片土壤只属于快乐。

当我们把“快乐”种下之后，我们等着它发芽，长大。为了这株幼苗能长高长大，我们要不断地为它浇水，施肥，反复地告诉自己“我很快乐”。这是心理暗示最核心的一步，也是最关键的一步。反复地对自己进行积极的心理暗示，慢慢地让当初那个“快乐”的念头成为一种情绪，占据你的内心。

自我激励还有最后一步，将快乐放大，将哀伤缩小。人生不如意之事十之八九，人总会有悲伤的时刻，这时你需要强化自己积极快乐的情绪，抑制自己悲哀忧伤的情绪，这样才能保持长久的快乐。

人的情绪也需要这样经常性的积极暗示，时刻提醒自己：我很快乐，久而久之，你就会真正变成一个乐观的人。

9. 对生活充满希望的人，脾气不会差

其实，没有谁是真的愿意发脾气，大多数人的脾气都是被逼出来的，在被残酷的现实逼得走投无路时，只能靠发脾气来抒发自己的无奈和无助。身处同样的困境，却总有一些人不发脾气，始终如一地保持沉默，因为他们心中还存有希望，他们牢牢地抓着那一丝的希望，生怕一不留神就从指间溜走，哪还

有时间发脾气。

一艘巨轮在大海中航行的时候突然遇到了风暴，船体受损严重，最终沉没在了汪洋大海之中，船上的旅客死伤无数。有位年轻人，他因侥幸地获得了一艘小小的救生艇而幸免于难，但他也只剩这个破旧的救生艇了，双眼近视的他连自己的眼镜也在慌忙中遗失了。

天渐渐黑了下来，饥饿、寒冷和恐惧一齐涌了过来。年轻人无助地望向天边，忽然，他看到一片若隐若现的灯光，他想那一定是一座城市或一湾海港，年轻人的胸中顿时燃起了生存的希望。他奋力地划着小船，向着那片灯光前进。然而，那片灯光似乎很远，他怎么划也无法靠近那片灯光，渐渐地天亮了，年轻人也没有到达那片发出光亮的地方。

但年轻人并没有放弃，而是继续向前划着。在第三天的时候，饥饿、缺水、疲劳让他的身体负荷达到了极限，他无数次想要放弃。但每当他闭起眼的时候，那片灯光便会出现在他的眼前，每当这时，他就会平添一股力量，这股力量让他继续划下去。到了第四天晚上，年轻人终于支持不住昏迷了过去，但在他的脑海中依然闪现着那片灯光。

万幸的是，就在这天晚上，一艘过往的船只发现了他，并把他救了上来，他醒了之后大家得知他竟然不吃不喝地在海上漂泊了四天四夜。纷纷询问他是怎么坚持下来的，年轻人指着远方那片隐约的灯光说："就是那片灯光给我带来了生存的希望。"

大家顺着年轻人手指的方向望去，哪里有什么灯光啊，有的只不过是天边闪烁的星星而已！

身处无边无际的汪洋大海之中，年轻人只有一艘能救他一命却无法让他活下去的救生艇，此时他面临着各种各样的生存危机，看到了远处的灯火，那是他坚持下去的希望。在濒临死亡的人面前，只要有一丝希望就要尽无限的努力，根本没有发脾气的时间。发脾气并不会让他离灯火更近一点，也不会让他多一点力气，发脾气只会产生相反的效果。

发脾气，往往是绝望的表现，相信如果没有那团“灯火”，当黑夜降临，饥饿、寒冷、恐惧一下子把年轻人包围时，他一定会沮丧万分，进而走向死亡。发脾气从来都不是解决问题的办法。

丈夫死后，艾尔菲太太受到了很大的打击，除去精神上的创伤，她的日常生活也变得拮据起来，为了维持生活她不得不卖掉一部分家产。

一个人的时候她会止不住地怀念丈夫，这让她的情绪更加低落，她的精神也变得更加萎靡。渐渐地，她对生活失去了信心，原本温柔和善的她变成了一个暴躁的妇女，常常会因一点小小的事情就和别人大发脾气，原来十分要好的朋友和邻居都在疏远她。

一位朋友邀请艾尔菲太太参加了卡耐基开设的智慧训练班，通过培训和反思，艾尔菲太太明白了一个道理：她变成今天这副模样，完全是她自己的心情造成的。了解到这一点后，艾尔菲太太开始每天在心中暗示自己：我要好好地活，生活还有希望！

后来，艾尔菲太太对生活重新充满了热情，她每天都很早起床，把一切收拾得干干净净，并主动向之前得罪的好友邻居示好，接着，她找到了一份推销的工作。她又变回了以前那个温柔和善的艾尔菲太太。

艾尔菲太太从温柔和善到暴躁不安，又从暴躁不安恢复了以前的温柔和善，这并非是她遭遇的事情有所改变，改变的只是她的内心，希望从来都是从心底燃起，进而点燃整个人生的。

人在有了希望之后便很难再大发脾气，我们总会抱怨："为什么上天这么狠心，彻彻底底地断了我的后路，又不给我一丝希望。"抱怨很容易演变成愤怒，愤怒则会让处境更加糟糕，让希望更加渺茫。

其实，希望不是别人给的，希望来自自己。那些好脾气的人也在遭遇或曾经遭遇过上天的残忍对待，然而他们总能在困境中发现希望，希望又给了他们一个平和的心态去迎接挑战。

莎士比亚说："黑夜无论怎样悠长，白昼总会到来。"

当你失意时、当你困惑时、当你寂寞惆怅时、当你痛苦不堪时，为何不给自己一个希望？黎明时冲破黑暗的第一缕阳光，正是光明寄予万物的希望，希望是人生乐章的音符。总能给自己希望的人，脾气都不会太差。